수행경(修行經)

쉬바 수트라

<표지 그림 설명>

드루이드 스톤

여신(女神) 혹은 우리의 아니마가
힘(力)의 상징인 용(龍)과 함께 지키고 있는
저 <드루이드 스톤> 뒤편에는

로마와 기독교라는
이성(理性)이 우리를 지배하기 전

<신화와 꿈의 세계>인
감성(感性)이 인간을 이끌던
<우리의 잃어버린 세계>가 있을지도……

마치 **바수굽타**가 꿈에서 본
<**쉬바**의 바위>처럼

수행경(修行經)

쉬바 수트라

- 영성 수련의 섬광(閃光) -

金恩在 지음

지혜의나무

목차

들어가며

"[이] <있는 것>……"

<어떤 생각이 떠오르고>,
또
<그 생각을 말로써 표현할 수 있게 하는>
이 무엇……

<이 무엇>은 도대체 무엇인가?

우리는 <이 무엇>을 그냥 "나"라고 한다.

<[이렇게] 있는 이 무엇>이 있으므로
생각이 있을 수 있을 것이고
그래서 "이 <있는 것>", 그것을 <나>라고 부른다.
"나"라는 말은
이 <있는 것>, <[생각하고 있는] 이것>을 가리킨다.

"나는 [바로] 이것이다."고 알아채는 것에서부터
이 무한한 우주(宇宙)가 전개(展開)되었다고
선진(先進)들은 말한다.

『비갸나 바이라바 탄트라』는
"이 <있는 것>"을 느끼려는
그 수행 <방편의 총림(叢林)>이고,

『쉬바 수트라』는
그 방편 <수행(修行)의 교과서>다.

쉬바 수트라는
기원(起源)이 이런 아름다운 전설(傳說)을 가지고
있다.

　일찍이 인도의 북쪽 **히말라야** 산골, 그 품성이
은혜로웠던 **바수굽타**라는 사람에게 <신(神) **쉬바**
[**우주 의식(意識)**]>가 꿈에 나타나 다른 이들에게
은혜를 베풀라는 마음을 불어넣었다.
　당시 세상은, 비의적(秘義的)인 종교의 가르침은
실종되고, 이원적(二元的)인 철학의 견해에 영향을
받고 있었다.
　[요즘도 그러하다! 즉 <신(神)**은 저 멀리에 있고,
나는 여기에 초라하게 있다**>는 생각 말이다.]

　"저 산, 큰 바위 아래에 비의적인 교리(敎理)가
있다. 그것을 얻어 <은혜를 받을 만한 사람>에게
그것을 드러내라."

잠을 깬 후 그는 **꿈에 지시하심을 따라** 그 산을 찾았고, 곧 그 큰 바위를 보았다. 그것은 단지 손을 대는 것으로 쉽게 움직였고, 그는 꿈을 확인(確認)했다. 그렇게 그는 이 **쉬바 수트라**를 얻었다.

이 수행경 『**쉬바 수트라**』는 **쉬바** 즉 <은혜로운 존재>가 우리에게 비춰주는 비밀교의(秘密敎義)의 요약(要約)이다.

이 책은 우리가 쉽게 알 수 있는 내용이 아니다. 암호문으로서는 천부경(天符經)에 버금갈 것이다.

그런 그것을 <**완전히** 해독(解讀)한[**이해(理解)한**]> **바수굽타**는 이를 다른 이들에게 드러냈다.

["이해하면 느껴진다!" 理解가 되면……]

대략 A.D. 900년경에 **아비나바굽타**의 제자였던 **크세마라자**가 이 **쉬바 수트라**를 주석(註釋)했다.

그리고 현대에는 <그 주석의 주석서>로 다음의 것들이 있다.

1. 『Siva Sutras』 Jaideva Singh, 1979
2. 『Shiva Sutras』 Lakshman Joo, 2001

제 1 장

카시미르 쉐이비즘의 대략

1.   나는 무엇인가?
2.   나에게 도대체 무슨 일이 일어난 것인가?
3.   나는 어디쯤 머물러 있는가?
4.   나에게 <그런 자유(自由)>는 없는가?

이 책에서
몇 번 반복되는
<위의 [제목 형식의] 질문(質問)>은

- 앞에서 <이미 읽은 것>으로 여기며
내 마음이 그냥 지나가도록 하지 않는다면 -
[적어도] 네 번을 <만나게 되는데>

어쩌면
그 물음 중 하나가 - 내 기억에 남아 -
화두(話頭) 내지 <좋은 방편>이 될지도 모른다.

<카시미르 쉐이비즘[Kashmir Shaivism]>이라고 부르는 <전통적인 수행 체계>에는 크게 네 가지가 있다고 한다.

1. **쿨라** : <전체성(全體性)>을 통해
2. **크라마** : <점진적(漸進的)인 것>을 통해
3. **스판다** : <진동(振動), 역동성(力動性)>을 통해
4. **프라탸비갸** : <재인식(再認識)>을 통해

[<내가 어떤 체계의 방편으로 수행할 것인가?>는 순전히 나 자신의 소질(素質)과 취향(趣向)에 따를 일이다. 근기(根機)에 따라서 말이다.

그리고 위 네 가지 체계의 좀 더 자세한 설명은, 이 책에서는 따로 다루지 않는다.]

쉬바 수트라는 **요가** 즉 <영성 수행(修行)> 혹은 <영성 수련(修鍊)>에 관한 문서(文書)다.

그러나 이 영성 수련은 수많은 사람들의 체험과 경험을 바탕으로 하는 <카시미르 쉐이비즘>이라는 철학적 배경을 갖고 있다.

실제로, **쉬바 수트라**가 발견된 이후 교리(敎理)가 발전되었다고 한다.

그러므로 <영성 수행이 기초하고 있는 그 배경 철학>을 잘 알지 못하면서 방편을 수행한다는 것은 우리 대부분에게는 쉬운 일이 아닐 것이다.

　　　☯　　　　　　☯　　　　　　☯

여기서 미리 밝혀 둔다.

<눈 나라>에 사는 에스키모들에게는 <눈>이라는 말이 여러 개가 있다고 들었다. 우리 눈에는 <눈은 그냥 눈>일 뿐인데……

<영성의 나라>에 사는 수행자들에게도 <나>라는 말은 많다. <나는 무엇인가?>의 그 <나> 말이다.

인도(印度), 그 <영성(靈性) 언어>의 비의(秘意)와 그 현란(眩亂)함…… <**산스크리트** 단어>가 우리들 대부분에게는 생소한 것들인데, 다시 그 다양함도 모자라 함의(含意)와 광의(廣義)라니!

<종교의 언어>가 상징(象徵)이라는 것은 잘 아는 사실이다. 그러나 **카시미르** 쉐이비즘은 그 <상징을 벗어난 언어>로 말하고 있다는 것도 알려져 있다.

하여튼 생소한 **산스크리트**, 즉 그 <우아(優雅)한 말>이 현기증(眩氣症)을 일으킬 그 세계로 잠시만 들어가 보자.

우리가 지식(知識)으로라도 영성에 접근해 보려고 한다면, 그 용어를 조금은 알아야 하겠기에……

[<산스크리트 발음(發音) 등>은 나름 정확하게(?) 표현하려고 했지만……

쑤뜨라 → 수트라, 위썰거 → 비사르가 등처럼 많은 것을 <그냥> 썼다. 또 그런 것들은 이 책의 목적도 아니다. 혜량(惠諒) 있으시길……]

다음 순서로 **카시미르** 쉐이비즘의 대략(大略)을 정리해 보려고 한다.

1. **나는 무엇인가?**
2. **나에게 도대체 무슨 일이 일어난 것인가?**
3. **나는 어디쯤 머물러 있는가?**
4. **나에게 <그런 자유(自由)>는 없는가?**

1. 나는 무엇인가?
- <궁극(窮極)의 실재(實在)> -

나는 무엇인가?

눈을 감고, <나 자신이 무엇인지> 생각하고 또 생각해 본다면[서양의 데카르트처럼, 로댕의 <생각하는 사람>처럼] **- 더 나아가 궁구(窮究)해 본다면, "차이탄얌 아트마." 즉 "나는 의식(意識)이다."는 그 결론에 이르게 되어 있다.**

한번 해보라!
눈을 감고, 나의 **몸과 마음을 보라.**

나는 <몸>을 알아챌 수 있다. 그러면 <몸을 알아챌 수 있는 그것>은 몸과는 분리된다. **몸은** 이제 인식(認識)의 **대상이 되고, 나는 주체가 된다.**

그리고 또 나는 <나의 마음>도 알아챌 수 있다. 만약 어떤 생각이 움직이고 있다면, 나는 그것을 지켜볼 수 있다. 나의 주의를 그 생각에 집중하고 거기서 움직이지 않도록 할 수도 있고, 아니면 그 <생각의 흐름>을 허용할 수도 있다.

또 <나의 마음>에 어떤 감정이 일어나고 있다면, 나는 <그 기복(起伏)이 심한 화(火)>와 <지체되는 우울(憂鬱)>을 알아챌 수 있다.

그러면 그때, <그런 것을 알아채고 있는 그것>은 또 분리된다. 즉 **마음은 대상이 되고,** "**나**"는 그런 **것을 지켜보고 있다.**

나 자신으로부터 분리할 수 없는 유일한 것은 그 <지켜보는 에너지>다. 그 <지켜보는 것>, 그것이 바로 <**나**>이고 **의식**(意識)이다. 그러므로 <분리가 불가능하게 되는 지점>에 이르지 않았다면, 우리는 <진정한 나 자신>에게, 즉 **참나**에는 이르지 못한 것이다.

    ❧   ❧   ❧

<**궁극의 실재**(實在)[삿]>는 **의식**(意識)[칫]이다. 그것은 <모든 변화(變化)를 일으키는 **불변(不變)의 그 무엇**>이다. 그 안에서는, <주체와 대상>이라는 구별이 없고, <나>와 <이것>의 분별은 없다.

의식은 그 자체를 관찰하는 <지고(至高)의 자아>, 즉 **참나**다. 그것을 **카시미르 쉐이비즘**의 용어로 <**프라카샤-비마르샤 마야**>라고 한다.

프라카샤는 <영원한 빛>으로, 그것 없이는 어떤

14

것도 나타날 수 없다. 그것은 **쉬바[의식**(意識)]다.

　비마르샤는 **샥티[힘**(力) 혹은 **에너지**]로, 쉬바의
<행위(行爲)의 힘>이다.

　비마르샤의 힘으로 **프라카샤**는 그 자신을 안다.
의식(意識)[**칫**]은 그 자신을 의식하고 있다.

　그런 <자기 지식(自己知識)>은 **어떤 움직임**이다.
즉 에너지다. [**에너지는 <움직이는 것>을 의미한다.
혹은 <움직이는 것>을 에너지라고 한다.**]

　비마르샤는 **의식**(意識)의 그 활동성(活動性), 그
역동성(力動性)을 나타낸다.

　비마르샤는 **파라-샥티, 파라-바크**[<말없는 말>],
스와탄트리야[<절대 자유>], **흐리다야**[가슴, 사랑],
스판다[진동(振動), 역동성] 등의 별명도 있다.

　일찍이 크세마라자는 말했다.

　"<**궁극의　실재**>가 프라카샤만이고 비마르샤가
아니라면, 그것은 힘없고 생기 없는 것이다."

　이 우주의 창조와 유지, 소멸을 감당하는 것은
<**궁극의　실재**(實在)>인 이 "**차이탄얌　아트마.**" 곧
"**나는　의식**(意識)**이다.**"의　<**나-의식**(意識)>이다.
즉 <**샷-칫**[**존재-의식**]>이다।

❦　　　　　❦　　　　　❦

인도의 영성 철학에서는, 특히 **샹카라**의 **베단타**에서는 <**브라흐만**은 **프라카샤**[빛]만 있다>고 본다. **비마르샤**[활동성]라는 여자(女子)가 없는 집안이다. 그것이 **베단타**에서는 우주가 드러나기 위해 **마야**, 즉 <환상(幻像)의 여인>이 필요한 이유다.

브라흐만은 활동성이 없으므로 창조하는 일에는 무능(無能)하고, 그런데 이 우주를 창조할 수 있는 것은 그 자신뿐이니 그 힘은 어디서 나온 것인가? 만약 그것이 **브라흐만** 밖의 어떤 힘이라면, 그러면 **샹카라**의 **베단타**는 **아드바이타**[불이론(不二論)]가 아닌 이원론(二元論)이 되고 만다.

상키야의 **푸루샤**와 **베단타**의 **아트마**에는 **크리야** 즉 활동(活動)이 없다고 한다. "역동성(力動性)"이란 단어를, 그들은 아주 생경한 것으로 여긴다.

"우리 집안의 내력(來歷)에서 <합방(合房)한다>는 것은…… 거시기한 것이야!"

"나는 다만 방해받고 싶지 않을 뿐이야."

[**상키야** 집안과 **베단타** 가문의 어르신들은 혹시 성(性) 기능에 무슨 문제가……? 아니면 왜 그렇게 사랑채에만 머물고, 또 이런 이야기만 나올 때면 <꿈속의 여인>을 자꾸 말하는지……]

❧   ❧   ❧

비마르샤, 즉 <신성(神性)의 잇차[의지(意志)]>는 <무한한 힘(力)>의 영적인 에너지다. 그것은 <가장 미세하고 미묘(微妙)한 것>으로부터 <가장 거칠고 조대(粗大)한 것>으로, 어떤 형태로도, 증식(增殖)할 수 있다.

스와탄트리야 즉 <방해받지 않는 주권(主權)>은 쉬바[의식]의 특징적인 탁월성(卓越性)이다. 그것은 자신을 잇차[의지]로 드러내어, 즉시 갸나[지식]로 표현하고, 크리야[행동]로 옮긴다.

<궁극의 실재>는 <우주적인 의식>일 뿐 아니라, <지고(至高)한 영적 에너지>다. 이런 <우주 의식>을 아눗다라[무상(無上)], 절대(絶對) 등으로 부른다.

그것은 초월적(超越的)이고 내재적(內在的)이다.

궁극의 실재가 <의식(意識)>일 뿐만 아니라 어떤 <힘(力), 에너지, 역동적(力動的)인 것>이라는 것은 <종교의 원형(原型)>이라고 할 수 있는 힌두교와 유대교에서는 뚜렷하고, 다른 [참] 종교(宗敎) 전통에서도 볼 수 있다.

도덕경의 곡신(谷神)과 현빈(玄牝), 만물지모(萬物之母) 등은 익히 아는 것이고……

히브리 성경의 <안타까운 이야기> 한 토막.

신(神)은 노예로 살던 이들을 <새로운 영역>으로 들어가게 하려고 했다. <자유(自由)하는 사람>으로 살아가도록 하려고 말이다.

그러나 <노예로 사는 것에 습성(習性)이 들었던 사람들>은 이미 그 땅에 살고 있는 [영적] 거인들을 보고는 지레 겁을 먹고

"우리는 [그들에 비해] 메뚜기 같더라."고 했다.

그래서 그 <메뚜기 신드롬>이란 그 몹쓸 병에, 그 고질(痼疾)에 걸렸던 사람들은 저 자유의 땅으로 들어가자는 이들을 돌로 쳐 죽이려고 했다. 그것은 너무나 다급한 상황이었다. 그때,

"온 회중이 그들을 돌로 치려하는 동시에
    <여호와의 영광(榮光)>이
  이스라엘 모든 자손에게 나타나시니라."

유대교 카발라에서는 <여호와의 영광>을 <야훼 즉 존재(存在)[Being]의 **쉐키나**[배우자(配偶者)]>로 분명하게 밝히고 있다.

또 신약 성경은 성령(聖靈)의 상징으로 <**바람**>, <숨[프뉴마, πνευμα]>, <물>, <불> 등을 사용하여, 뒤나미스[δύναμις] 즉 역동성을 말하고 있다.

2. 나에게 도대체 무슨 일이 일어난 것인가?
- <현(現) 상황> 혹은 속박(束縛) -

<마음> 혹은 흔히 우리가 <나>라고 부르는 것은 <내가 지나온 [과거의] 모든 축적>을 말한다.

<내가 겪은 모든 경험과 내가 마주친 모든 정보, 내가 어디선가 읽고 듣고 긁어모은 그 모든 지식, 그런 것이 축적된 것>이 나의 마음이다.

마음은 <끊임없이> 축적(蓄積)한다. 심지어 내가 의식적이 아닐 때도, 혼수상태에 있을 때도, 마음은 기억(記憶)하고 축적한다. 그러므로 마음은 <어떤 기억>이다. 그런 기억, 그런 마음이 에고[ego]다. 그것이 <나>라는 것이다.

어떻게 해서 이 에고, 이 <나>가 만들어지는가?
의식(意識)이 있다. 아니면 <텅 빈 것>, 아트마, <알 수 있는 능력>만이 거기에 있다. 그러나 이 <나>가 없이 있다. 본시(本始) 내면에 이 <나>는 없다. 의식은 있다.

그런데 의식의 주변에 지식과 경험, 기억이 축적된다. 그것이 마음이다. 그것은 꼭 필요한 것으로, 그런 것이 없이는 생존할 수가 없다. 그러나 그때 거기에 어떤 새로운 일이, 부수적(附隨的)인 현상이

19

일어난다.

세상을 바라볼 때는 <그 기억을 통해서> 보고, 새로운 경험을 할 때는 <그 지식을 통해서> 보고, <그 경험을 통해서> <그 과거를 통해서> 나름대로 해석한다. 그렇게 하지 않을 수 없다.
<끊임없이 그 기억을 통해서 보고 보면> 우리는 그 기억과 동일시(同一視)[identification]된다.
그러므로 <의식이 기억들과 동일시된 것>이 바로 에고이고, 우리가 흔히 <나>라고 하는 것이다.

❂   ❂   ❂

구르지예프[Гюрджиев]는 **그런 동일시(同一視)가** <지독한 적(敵)>이라고 강조했다.
필자는 **그것이** <유일한 죄(罪)>라고 말한다.

금강경은 **그런 것을** <아름다운 시(詩)>로써 차분하게 가르친다.

若以色見我 (약이색견아)	나를 **형상**으로 보거나
以音聲求我 (이음성구아)	나를 **소리**로써 찾으면
是人行邪道 (시인행사도)	잘못된 길에 빠졌으니
不能見如來 (불능견여래)	참나를 보지 못하리라

히브리인들은 그 동일시(同一視)가 – <나마·루파 즉 **이름**과 **형상**을 "**나**"라고 여기는 것>이 – **가장 큰 죄(罪)**라고 하여, 아예 <돌 판[십계명(十誡命)]> 앞부분에 단단히 새겨 놓았다.

[그것에 따르면, 그런 짓은 중죄(重罪)여서 손자, 증손자에게까지 그 죄를 묻는다고 하니, 이런저런 자녀손(子女孫)이 있는 분들은 조심하시라!

그나저나 자녀가 많은 저 **아함카라** 여사가 걱정이다……]

카시미르 쉐이비즘은 <우리가 왜 자신을 초라한 것으로 느끼는지>를 다음과 같이 설명한다.

<개아(個我)의 속박(束縛)>은 (1) **아나바 말라** 즉 <타고난 무지(無知)>나 <생득(生得)의 무명(無明)> 때문이다.

<우주적인 의식>을 **아누** 즉 <제한된 의식>으로 축소시키는 것은 이것 때문이다.

지바, 즉 <개개의 영혼>이 자신을 <**의식(意識)의 우주적인 흐름**에서 끊어져 분리된 존재>로 여기는 것도 이것 때문이다.

이것은 **우주 의식**의 <**잇차 샥티[의지**의 힘]>의 제한으로 일어난다.

21

그는 (2) **마이야 말라**와 (3) **카르마 말라**에 의해 더욱 제한된다.

마이야 말라는 마야에 의해 생긴 것이다. 이것은 **우주 의식**의 <갸나 샥티[**지식**의 힘]>의 제한으로 생긴다.

카르마 말라는 <욕망의 행동으로 남은 흔적>에 의해 생겨난 것이다. 이것은 **우주 의식**의 <크리야 샥티[**행위**의 힘]>의 제한으로 생긴다.

지바, 즉 <개개의 영혼>을 한 생(生)에서 다음 생으로 옮기는 것은 이 힘이다.

[<세 가지 **말라**>는 다음에 다시 다룬다. **<내가 거기에서 벗어나려면>** 그만큼 잘 알아야……]

3. 나는 어디쯤 머물러 있는가?
- 우주(宇宙)의 전개(展開)와 소멸(消滅) -

<드러내고 나타내는 것[현현(顯現)]> 혹은 창조는 <**궁극의 실재**>의 본성(本性)이다. 창조성은 신성의 바로 그 핵심이다. 만약 <**궁극의 실재**>가 드러나지 않으면, 그것은 <**나**[자아(自我)]>나 <**의식**(意識)>이 아니라 저 항아리와 같은 어떤 것일 것이다.

아비나바굽타는 이렇게 말했다.

"<**궁극의 실재**>가 다양성(多樣性)으로 나타나지 않고 단일성(單一性)[Monad] 속에만 갇혀 있다면, 그것은 <최고의 힘(力)>이거나 **의식**(意識)이 아닌, 그냥 항아리와 같은 것일 뿐이다."

<**궁극의 실재**> 혹은 <**파라마 쉬바**>는 **프라카샤·비마르샤 마야**다. 즉 그 상태 안에서는, <나>와 <이것>이 분리(分離)되지 않은 <하나>로 있다.

그 <나>는 **프라카샤**의 측면이고, 또 <이것>은 **비마르샤**의 측면이다. **비마르샤**는 **스와탄트리야**다. <방해받지 않는 주권(主權)의 힘>이다. <절대 자유> 말이다. 그러나 이 **비마르샤**는 내용이 없는 것이 아니다. <있어야 할 모든 것>을 포함하고 있다.

<파라마 쉬바>는 삿[Sat] 즉 "이 <있는 무엇>", 존재(存在)[Being 혹은 Non-being]다.

그것은 순야 즉 <텅 빈 것>, 공(空)이면서, 또 저 <무한의 에너지>, 샥티, 힘(力)으로 충만하다.

비갸나 바이라바는 말한다.

"바이라바, 즉 <신(神)의 상태>는
순수[공(空)]하고 전 우주에 편만(遍滿)하다.

그 상태는 [또] 충만(充滿)하여,
모든 분별(分別)과 모순으로부터 자유롭다."

다음이 그 <파라마 쉬바> 즉 <신(神)의 상태>, <공(空)의 상태>, <사마디 곧 명상(冥想) 상태>의 중요한 것들이다. [나중에 다시 다룰 것이다.]

(1) 칫[의식(意識)]
<자기 계시(自己啓示)>와 회광반조(回光反照)의 힘이다. 카시미르 쉐이비즘에서는 이것을 쉬바라고 부른다. <모든 변화(變化)의 변함없는 원리(原理)> 말이다.

(2) 아난다[지복(至福), 희열(喜悅), 기쁨]
   샥티라고 부르며, 스와탄트리야[절대 자유]다.

   칫과 아난다는 <파라마 쉬바>의 본성(本性)이다.
나머지는 그의 샥티[力, 에너지]들이다.

(3) 잇차[의지(意志)]
   사다-쉬바[영원(永遠)한 쉬바]라고 부른다.

(4) 갸나[지식(知識)]
   이슈와라[자재(自在), 주(主)]라고 부른다.

(5) 크리야[행위(行爲)]
   삿-비디아[존재-지식], 슛다-비디아라고 한다.
   <모든 것의 형태(形態)>를 떠맡는 힘이다.

   ☯   ☯   ☯

   "저 우람한 반얀 나무도 [처음에는] 그 씨앗 안에
<잠재적인 형태>로 있듯이, 이 우주 전체가 <지고
(至高)한 것>의 가슴 안에 잠재성으로 있[었]다."

   그 현현(顯現)의 과정이 천지창조(天地創造)라는
드라마다.

의식(意識)이라는 한 씨앗에서 시작되는 <우주전개(宇宙展開)>의 대장정(大長程)이 [흔히 말하는] <지금의 나>, 즉 <이 몸>까지 펼쳐진 것이다.

그리고 그것은 나의 내면의 중심에서부터 지금의 이 몸까지 일어난 일이고, 일어나고 있는 일이고, 또 일어날 일이다.

<[정말이지, 조금이라도] 그런 것>을 알게 하거나 느끼게 하는 일이 아니라면…… 이 책은 [필자나 독자 모두에게] 그냥 쓰레기일 뿐이다.

그러나 우리는 <우리의 처지(處地)를 생각하여> - 수행(修行)을 위하여 - 그 과정을 대등정(大登頂)으로 살펴보려고 한다.

거대한 산 **히말라야**의 정상(頂上)은 무한(無限)의 허공(虛空)에서 불어대는 눈보라만 보인다. 아니면 <순백(純白)의 공간>과 <침묵(沈黙)>만이 있다.

그곳은 인간과 동식물의 생명체가 살아가는 곳이 아니다. 그곳은 우리가 잠시 있다가 내려와야 하는 곳이다.

그곳은 **쉬바** 즉 **의식**(意識)만이 홀로 살아 있는 곳이다. 그래서 영봉(靈峰)이라고 한다.

그 등정(登頂)을 다음의 순서로 살펴본다.

< 1 > 물질(物質)의 탓트와
< 2 > <감각적 경험>의 탓트와

< 3 > <정신 작동>의 탓트와
< 4 > <제한된 개아(個我)>의 탓트와

< 5 > <제한된 개체(個體) 경험>의 탓트와
< 6 > <우주적 경험>의 탓트와

잘 알다시피, <길을 떠난> 구도자(求道者)에게는 이정표나 안내서만큼 중요한 것도 없다.
그리고 구도자는 곧 <굳[good] 오자(悟子)>가 될 것이다. [<읽는 자>는 깨달을진저!
그러나 우리 대부분은 <잘 읽고, 잘 듣지 못하는 것>이 어떤 습성이요 습관이다.]

그 등정은 36 탓트와로 이루어져 있다.
탓트와는 우리말로 요소(要素), 원리(原理)라고도 하지만, 그냥 탓트와라고 하자.

카시미르 쉐이비즘은 우리의 이 고난도(高難度) 등정이 <36 단계>의 봉우리로 되어 있다고 한다.

<거친 것>이라는 낮은 곳을 지나, 더 <미세(微細)하고 미묘한 것>들을 지나고 지나면, <존재계에서 가장 미묘(微妙)한 것>이라는 저 **의식(意識)**이라는 정상(頂上)이 있다고 한다.

　　처음의 봉우리들은 고만고만한 것들이어서 쉽게 볼 수도 있지만, 어떤 것은 우리의 시야(視野)에 잘 들어오지 않는 것도 있다.

　　높이 올라갈수록 정신은 혼미해지고, 눈보라가 앞을 가로막는다. 어디가 어디인지 분간(分揀)할 수 없고 분별(分別)할 수 없다.
　　나의 감각(感覺)도 점점 더 마비(痲痺)될 것이고, **이제 남은 것은 <어떤 의지력(意志力)>**…… 그래서 어떤 행운이 더한다면 우리는 그 정상(頂上)에 이를 수도 있을 것이다.

　　<36 단계>의 봉우리들이 너무 아득하게 느껴져, <36 계(計)> 줄행랑을 치려든다면 어쩔 수 없다.

　　그러나 "태산(泰山)이 높다 하되……"
　　그리고 교회 다닐 때 많이 불렀던 찬송,
　　"하늘 가는 밝은 길이 내 앞에 있으니……"
　　천로역정(天路歷程)이다. Pilgrim's Progress.

< 1 > 물질(物質)의 탓트와

이것은 우리가 잘 아는 것으로, <지(地), 수(水), 화(火), 풍(風), 그리고 아카샤 즉 공간(空間)>이다. 마하부타라고 하는 이 다섯은 <아주 거친 것>으로 각각의 탄마트라로부터 생성되었다.

(1) 프리트비[흙(地)] : 간다 탄마트라로부터
(2) 아파스[물(水)] : 라사 탄마트라로부터
(3) 아그니[불(火)] : 루파 탄마트라로부터
(4) 바유[바람(風)] : 스파르샤 탄마트라로부터
(5) 아카샤[에테르] : 샤브다 탄마트라로부터

< 2 > <감각적 경험>의 탓트와

< 2-1 > 다섯 가지 탄마트라

<그것만인 무엇> 혹은 <그 자체>를 의미한다는 탄마트라는 <감각 인식의 일차적인 요소>다.

(6) 간다 탄마트라 : <냄새 그 자체>
(7) 라사 탄마트라 : <맛 그 자체>
(8) 루파 탄마트라 : <모양 그 자체>
(9) 스파르샤 탄마트라 : <닿는 것 그 자체>
(10) 샤브다 탄마트라 : <소리 그 자체>

< 2-2 > 다섯 가지 <행위의 **힘(力)**>

카르마 인드리야라고 한다. **인드리야**는 <[행위] 기관>이 아닌, <그 **기관을 통해 작동하는 힘(力)**> 이다. [보통, <기관>이라고 한다.]

(11) **우파스타**[생식] : <성행위와 휴식하는 능력>

(12) **파유**[배설] : <배설(排泄)하는 능력>

(13) **파다**[발] : <이동하는 능력>

(14) **파니**[손] : <만지는 능력>

(15) **바크**[말] : <말하는 능력>

< 2-3 > 다섯 가지 <감각 인식의 **힘(力)**>

갸나 인드리야라고 하며, <감각적 경험>을 담당 한다. [이것도 **인드리야**, 그러니 <**인식과 경험**>도 **힘(力)**이고 **능력(能力)**이다!]

(16) **그라나**[코] : <냄새 맡는 힘[후각(嗅覺)]>

(17) **라사나**[혀] : <맛보는 힘[미각(味覺)]>

(18) **착슈**[눈] : <보는 힘[시각(視覺)]>

(19) **트박**[피부] : <닿아서 느끼는 힘[촉감(觸感)]>

(20) **스로트라**[귀] : <듣는 힘[청각(聽覺)]>

다섯 가지 **탄마트라**와 열 가지 **인드리야**는 모두 **아함카라**의 산물이다.

[**아함카라** 여사는 많이도 생산(生産)했다. 글쎄 열다섯을…… 전에 시골 돈사에서 돼지가 한 번에 그 정도로 낳았는데……

"둘만 낳아 잘 기르지……" "잘 키운 딸 하나, 열 아들 안 부럽다!" "무자식이 상팔자!"

그 무슨 소리! 요새는 정부(政府)에서 지원금도 준다는데……

아무튼 다산(多産)하신 우리의 **아함카라** 여사님! 만세, 만세, 만만세!]

☯   ☯   ☯

그러나 우리가 잘 아는 반야심경(般若心經)은

"無受想行識(무수상행식)
　無眼耳鼻舌身意(무안이비설신의)
　無色聲香味觸法(무색성향미촉법)"

이라며, 우리를 <외계 인간> 내지 <물체>(?) 수준으로…… [그것을 **공**(空), 즉 중관론(中觀論)이라고 한다.] 관자재(觀自在)님! 너무 심(甚)합니다. 코로 숨은 쉬어야지요? 최소한…… 아, 답답해……
그 정도로, 몸과 마음을 "나"라고 여기지 말라는 말씀이신 줄은 알지만……

우리는 <행위의 **능력(能力)**>이나 <감각 인식의 **힘(力)**>을 당연히 "안다"고 여기면서 – 잘 <아는 것>으로 생각하면서 – 지나가는 경우가……

아니다! 우리는 잘 모를지도 모른다.

두어 가지 예를 들자.

먼저 <행위의 **능력(能力)**>.

우리는 그것을 저 방(龐) 거사(居士)의 선시(禪詩)에서 확인할 수 있다.

神通幷妙用(신통병묘용) 신통하고 오묘한 일
運水及搬柴(운수급반시) 물 긷고 섶 지는 것

여기에 무슨 말이 더 필요하겠는가!
그냥 사족(蛇足)으로 덧붙인다.

"여기
 몸이 있어,
 숨 쉬는 것이
 기적(奇蹟)이다."

<감각 인식의 **힘**(力)>의 예로 촉각(觸覺)을 보자. 촉각(觸角)을 곤두세우고 잘 들어보라.

성경의 문둥병…… 그 천형(天刑)이라는 것……
혹시 그 병(病)을 <성경(聖經)이 왜 기록해 두었는지> 생각해 보았는가?
그것은 예수의 능력이 그러하니 그를 믿으려면 우리 교회로 나오라는 <허튼 수작의 설교 자료>로 기록된 것은 물론 아니다.
그 시절, <의사도 아닌 사람>이 행한 기적적인 피부과(皮膚科) 진료의 완치 사례는 더욱 아니다.

한센[Hansen]병(病) 환자들은 난로에서 시뻘겋게 단 석탄도 맨손으로 뒤적이거나 집어들 수 있다. 뜨겁거나 아픈 것을 느끼지 못하기 때문이다.
그것은 <느끼지 못하는 사람들>에게 <느끼도록 했다>는, 영성(靈性)을 보여주는 이야기다. 성경은 우리의 영성을 위한 책이다! 그러니 제발……
[한때나마 몸을 담았던 교회(敎會)를 생각하면, 마음이 아프다. 내 창자여, 내 창자여!]

☯   ☯   ☯

영성(靈性)이 무엇인가?

영성은 곧 민감(敏感)한 것을 말한다. 민감하다는 것은 <잘 느끼는 것>, <알아채는 일>, <살아 있는 일>이다. 그러므로 **먼저 민감성을 길러라.**

그러나 우리는 <감각(感覺)의 경험>에 살아 있은 적이 별로 없다. 이제는 한번 해보라.

목이 갈할 때, 눈을 감고 물을 천천히 마시며, 그 시원함을 느껴라. 그리고 내가 바로 그 시원함이 되었다고 느껴라. 그 시원함이 이제 물에서 내게로 오고 있다. 그것이 몸 전체로 잔물결처럼 천천히 퍼져 나가도록 허용하라. 그러면 우리는 온몸에서 그 시원함을 느낄 수 있고, **우리의 민감함은 성장할 수 있다.**

그러면 우리는 더욱 <살아 있게> 되고, 또 <살아 있는 것[즉, 삶]>으로 가득 채워질 것이다. 그래서 **탄트라**가 말하는 요점은 이것이다. **"살아 있어라! 더욱 살아 있어라!"** 왜냐하면 **삶이 곧 하나님이기 때문이다.** 삶 외에 다른 신은 없다! 우리가 완전히 <살아 있을 때> 우리는 신성(神性)이 된다. 그러면 죽음은 없다.

그러나 우리는 정말로 <살아 있은> 적이 없다.

우리는 정말로 <살아 본> 적도 없이, 우리의 삶을 다 놓치고 있다. 그리고 죽음은 시시각각(時時刻刻) 다가오고 있다.

<살아 있는> 사람은 죽음을 두려워하지 않는다. 그는 정말로 살아 있기 때문이다. 우리가 **정말로 살아 있을 때, 우리는 <죽음을 살 수조차> 있다.** 죽음이 올 때, 그것에 나는 너무나 민감하게 되어, 그것에 살아 있게 되어서, 그것을 즐길 수조차도 있는 것이다.

<만약 우리가 중심으로 물러나서 나의 죽어 가는 몸에 민감해질 수 있다면>, <만약 그런 것까지도 느낄 수 있다면>, 그때 우리는 이미 불사(不死)인 그 무엇이다. <**나의 몸이 죽어 가는 것을 지켜보는 그것**>은 죽을 수가 없기 때문이다.

누군가는 **하타 요가**는 내 몸을 느끼는 것, 알아 채는 것, 살아 있는 일이라고 했다.

<200여개의 **뼈**마디와 600여개의 살덩이를 갖고 온갖 자세(姿勢)와 태도(態度)를 취(取)하며 "나"를 느끼려는 존재들>에게, **하타 요가**여, 영원하라!

어느덧 산의 중간쯤에 올랐다. 이런 등산이라면 별것 아닌데…… 괜히 겁부터 주고…… 그렇지만 지금부터는 산세(山勢)가 좀 있으니……

이제는 <몸>을 넘어, 흔히들 말하는 <마음>으로, 우리의 <정신 세계>로 들어간다.

< 3 > <정신 작동>의 탓트와

중시조모(中始祖母)인 **프라크리티**는 **안타카라나**, **인드리야**, **마하부타**로 분화한다.

인드리야와 **마하부타**는 앞에서 살펴보았다.

안타-카라나는 <내부의 기관>, 즉 개아(個我)의 <정신 기구>를 말한다. 그것은 **마나스**, **아함카라**, **붓디**로 이루어져 있다.

(21) 마나스[<마음(心)>]

이것은 **아함카라**의 산물로, 그냥 <마음>이라고 하자.

이것은 감각과 협조하여 <인식(認識)>을 만든다. 또 혼자서도 잘 만든다. <이미지>와 <개념(槪念)>, <관념(觀念)> 등등을……

위대한 발명가다. 그리고 또 위대한 제작자, 영화 감독이기도! 그리고 커가면서는 <자기 **마음**대로> 하는 못된 버릇도…… 아무래도 가정교육이……

그러나 알 수 없지, 나중에는 효자가 될지……

도가니는 은(銀)을
풀무[용광로]는 금(金)을 연단하거니와
여호와[즉 존재계]는 <마음>을 연단하시느니라.

(22) 아함카라[<나>, 에고(Ego), 개아(個我)]

이것은 붓디의 산물로,
<"나"라는 것을 만드는 원리(原理)>이고,
<"나"라는 것으로 채우려는 힘(力)>이다.

(23) 붓디[지성(知性)]

붓디는 <확인(確認)하는 지성>이다.
붓디에 반영되는 대상(對象)은 두 가지다.

1) <외부의 대상> :
눈을 통해 인지되는 <꽃>, <항아리> 등.
2) <내적인 대상> :
외부의 것을 본 뒤 마음에 남은 이미지,
즉 인상(印象)을 말한다. 삼스카라라고 한다.

<정신 작동>의 탓트와를 구성하는 마나스[마음],
아함카라[에고], 붓디[지성]는 <영성 수련을 다루는
곳>에서는 거의 적(敵)(?)으로 간주된다.
그것이 무심(無心), 무아(無我), 무지(無知) 등의
말이 있는 이유다.

< 4 > <제한된 개아(個我)>의 탓트와

(24) 프라크리티

푸루샤는 "쉬바"라고 부르는 저 <우주 의식>의
<주체적(主體的)인 현현(顯現)>이고, 프라크리티는
<대상적(對象的)인 현현>이다.

프라크리티[물질(物質) 혹은 기질(基質)]에 대한
<상키야 철학>과 <카시미르 쉐이비즘> 사이에는
차이가 있다.

상키야 철학에서는 프라크리티는 하나이고, 모든
푸루샤에 보편적이라고 한다.

카시미르 쉐이비즘에서는 각각의 푸루샤는 다른
프라크리티를 갖고 있다고 한다. ["마음≒물질"]

프라크리티는 모든 대상물의 기질(基質)이며, 세
가지 구나[성질(性質)]가 있다. 즉 삿트와, 타마스,
라자스다.

프라크리티 그녀가 미현현(未顯現)한 상태에서는
세 가지 구나가 완전한 균형을 이루고 있다.

삿트와는, 존재의 상태에서는 밝음과 가벼움의
성질이고, 심리적인 면에서는 명료성, 기쁨, 평화의
특성이고, 윤리적인 면에서는 선(善)의 원리다.

타마스는 존재의 상태에서는 어두움과 <생기가 없음>의 성질이고, 심리적인 면에서는 둔함, 망상, 우울의 특성이고, 윤리적 면에서는 타락과 저하의 원리다.

라자스는 존재의 상태에서는 활동성의 성질이고, 심리적인 면에서는 갈망, 열정의 특성이고, 윤리적 면에서는 야망과 탐욕의 원리다.

상키야 철학에서는 **프라크리티**와 **푸루샤**가 이원(二元)으로 있지만, 여기서는 **푸루샤**는 <경험하는 자>이고, **프라크리티**는 <경험되는 것>으로 있다.

(25) **푸루샤**

<**마야 샥티**[환영(幻影)의 힘(力)]>로 <우주적인 지식과 힘>이 제한된 **쉬바** 즉 **우주 의식**은 **푸루샤** 혹은 <개체적인 주체>, <**개체 의식**>이 된다. 이런 의미에서 **푸루샤**는 <모든 지각(知覺) 있는 존재>를 말한다.

푸루샤를 **카시미르** 쉐이비즘에서는 "**아누**"라고 부른다. <**아누**>라는 말은 <신성(神性)의 완전함이 제한된 존재>를 말한다.

잘 아는 대로, 여기까지가 <상키야 철학>이고, 이제부터는 <카시미르 쉐이비즘>이라는 본격적인 등정(登頂)이 시작된다.

안 그래도 이 고도(高度)에서는 고산병(高山病)이 나타나 정신이 혼미(昏迷)할 것인데……

이제 **마야**라는 지극히 아름다운 여인이 나타나서 온갖 자태(姿態)로써 우리의 시선(視線)을 빼앗고, 그녀의 <다섯 가지 너울>로 우리의 시야(視野)를 완전히 가릴 것이다.

[사실은, **이미 가리고 있다.** 그러므로 **<너울에는 어떤 것이 있는지를 확실히 알고, 그 너울을 어떤 방법**[기법, **방편]으로 벗어날 것인지를 찾는 것>이 우리 수행의 핵심이다!** 그리고 그것이 모든 종교와 모든 <영성 수련>의 전부다.]

모르는 척하고, 저 **마야**의 유혹(誘惑)에 잠시만 넘어가……

아서라! 대장부(大丈夫) 이번 생의 성패가 걸린 일이다. 저 일대사(一大事)를 마치느냐……

< 5 > <제한된 개체(個體) 경험>의 탓트와

카시미르 쉐이비즘에서는, 마야가 <칼라[부분, 전능의 한계]>, <비디아[지식, 전지(全知)의 한계]>, <라가[집착]>, <카알라[시간]>와 <니야티[운명]>**의 다섯 가지로써 <신성(神性)을 덮고 있기 때문에>** 우리가 그것을 볼 수 없다고 한다.

마야 즉 환영(幻影)이라는 것은 어떤 것이 실재 인지 아닌지 결정하는 것이 불가능한 것을 말한다. 그러므로 이 세상 전체가 **마야**다. 우리는 그것에 대해 확정적일 수 없다. 이 세상은 항상 달라지고, 변하는 것이다. 제행무상(諸行無常)이다. <형성된 모든 것>이 무상(無常)한 것이다. 금강경(金剛經)은 그런 것을 아예 노래로 만들어서 가르치고 있다.

<형성된 것들[몸, 마음]>은 이렇게 봐야 하리
<별>처럼, <눈의 가물거림>처럼, <등불>처럼
<환영(幻影)>처럼, <이슬>처럼, <물거품>처럼
<꿈>처럼, <번개>처럼, <뜬구름>처럼

이 <환영의 세상>에서는 그 어떤 것도 확실하지 않다. 우리의 모든 개념, 우리의 모든 철학이 그냥 무용지물(無用之物)이 된다. 모든 것은 불확실하고,

오직 <거대한 변화의 흐름>만이 있다.

　만약 우리가 이런 태도를 취한다면, 무슨 일이 일어날 것인가? **만약 <확정적일 수 없는 모든 것은 환영이라는 이런 태도>로 깊이 들어간다면,** 그때 우리는 <나 자신이 하나의 중심으로 가질 수 있는 유일한 지점>으로 돌아서게 된다. 그것만이 확실한 것이기 때문이다.

　온 세상이 환영이다. 그러므로 세상을 따라가지 말라. 이 세상이 실재(實在)가 아니라면, 그 안에서 <쉴 만한 곳>은 없다. 나는 시간과 에너지를 낭비하면서 그림자를 뒤쫓고 있는 것이다. 그러나 한 가지는 확실하다. 즉 <나는 있다는 것>. 비록 이 세상 전체가 환영일지라도, **<이런 것이 환영이라는 것을 아는 무엇>이 거기에 있다.**

　나의 <아는 바>, 즉 지식은 환영일지도 모르고, 그 <알려진 것>도 환영일지 모른다. 그러나 <아는 자>는 그럴 수 없다. 그것이 유일한 확실성이고, <내가 설 수 있는 유일한 반석(磐石)>이다. 그것을 히브리 성경은 <여호와>라고 했다.

　사람이 <그 자신>에게로 다가가는 것과 더불어, 우리는 <확실한 진리>에로, <의심의 여지가 없는, 절대적인 어떤 것>에 다가가는 것이다.

이제 그 유명한 **마야**의 역할(役割)을 논(論)한다.
마야가 등장하면 <불순한 상태>가 된다. 여기에서
"불순(不純)"은 <**나**[의식]>를 <다른 것>과 **갈라보는
것**을 말한다. 그러면 신성의 본성이 가려진다.

이것은 모두 **마야**의 덮개 혹은 너울 때문이다.

마야[Maya]는 어근(語根) **마**[ma] 즉 <측정(測定)
하다>에서 파생된 것이다. <경험을 측정할 수 있는
것으로 만드는 그것>을 말한다.

한 마디로, "Analog"가 아닌 "Digital"을 말한다.
<**나**>로부터 <이것>을, <이것>에서 <**나**>를 완전히
가르는 그것>이 **마야**다.

"나는 나이고, 너는 너이다!"
"이것은 좋고, 저것은 나쁘다."

그것은 저 악명(惡名) 높은 <분별하는 짓>으로,
이브가 주는 <선악과(善惡果)를 먹는 일>이다.

[무릇 <경계(境界)를 짓는 일>은, 즉 <담을 쌓는
것>은 경계(警戒)할 일이다. 그것이 국경(國境)이든,
<사상(思想)의 경계>이든, 더구나 <종교의 경계>는
말이다.]

신심명(信心銘)은 말한다.

至道無難(지도무난)　참도는 어렵잖아
唯嫌揀擇(유혐간택)　분별하지 않으면

그리고 말한다.

毫釐有差(호리유차)　호리라도 분별하면
天地懸隔(천지현격)　하늘땅만큼 멀어져

다음에 나오는 저 <샷-비디아의 경험(經驗)>은 우주적인 것이다. 그때의 <이것>은 <모든 이것>, 전(全) 우주를 의미한다.

그러나 **마야**의 작동 아래에서, <이것>은 단순히 <이것>을 의미하고, 이것 외의 다른 모든 사물과는 완전히 다른 것이다. 이제 제한(制限)이 시작된다. 경계(境界)가 생긴 것이다.

마야는 **의식**(意識), 즉 **참나** 위에 너울[덮개]을 드리우고, 그것으로 인해 그는 그의 진정한 본성을 잊어버리게 된다.

그렇게 **마야**는 그 <다르다는 느낌>을 창조한다.

☯　　　☯　　　☯

마야의 덮개는 다섯 가지로, <우주 의식>이라는 쉬바의 능력(能力)을 제한한다. [외우면 좋다!]

(26) 니야티[운명(運命)]
　우주 의식의 자유성(自由性)과 편재성(遍在性)을 감소하여, 원인(原因)과 공간(空間), 형태(形態)라는 측면에서 제한을 일으킨다.

(27) 카알라[시간(時間)]
　우주 의식의 영원성(永遠性)을 감소하여, 시간의 측면에서 제한을 일으킨다. 우리는 그것을 <과거, 현재, 미래>로 나눈다.

(28) 라가[집착(執着)]
　우주 의식의 자족성(自足性)을 감소하여, 특정한 사물에 욕망을 일으킨다.

(29) 비디아[지식(知識)]
　우주 의식의 전지성(全知性)을 감소하여, 지식의 측면에서 제한을 일으킨다.

(30) 칼라[부분(部分)]
　우주 의식의 전능성(全能性)을 감소하여, 권능과 효능의 측면에서 제한을 일으킨다.

(31) 마야

크세마라자는 그의 『프라탸비갸-흐리다얌』에서 마야를 <36 탓트와의 호적(戶籍)>에서 아예 지워버렸다.

[요새는 <가족 관계 등록부(?)>라고 하는 것 같았는데…… 기억이…… **세상은** 정신없이 **변하고**……

아무튼 **크세마라자**, 대단한 양반이야. 아무래도 무사(武士) 집안 같으이. **크샤트리야**, **크세마라자**. "Ks" 집안이야.]

"일곱 층(層)의 <다섯 가지>들이 있다!"
"7×5=35", 기억(記憶)하기 훨씬 좋다!!

      ❧   ❧   ❧

카시미르의 저 산골짜기 사람들이 천 년 전에 <경험(經驗)의 분석>에서 유럽의 철학자 임마누엘 칸트를 미리 논(論)했다는 것은, 주석학자 **자이데바싱**의 말처럼, 흥미로운 일이다.

[여기서는 <**마야**의 다섯 가지 덮개 즉 다섯 가지 **칸추카**를 중심으로> 칸트의 철학을 비교한다.]

카시미르의 철학은 <제한된 개체(個體) 경험>의 그 경험은, 즉 <우리 보통 사람의 경험>은 **마야**와 그녀의 다섯 가지 덮개 즉 <칼라, 비디아, 라가, 카알라, 니야티>에 의해 구성된다고 말한다.

칸트는 시간(時間)과 공간(空間)을 사람이 지닌 <직관(直觀)의 두 형식>이라고 했다. 우리가 무엇을 경험하기 전 -선험적(先驗的)으로- <그것이 시간과 공간 안의 현상>이라는 것을 안다는 것이다.

우리의 모든 경험은 <시간과 공간에 의해> 경계 지워진다고 말이다.

카시미르 철학도 우리의 모든 경험은 <카알라 즉 시간과 니야티 즉 공간으로> 경계 지워진다고 한다. [또 그것이 우주(宇宙)라는 말의 의미다.]

니야티에는 세 가지 의미가 있다. - 공간(空間), 인과 관계(因果關係), 그리고 <[사물] 형태의 측정>.

공간과 인과(因果), 둘은 칸트의 철학에도 있다.

칸트의 <관계의 범주>는 니야티에 포함된다.

칸트의 양(量)과 질(質), 양상(樣相)[modality]의 카테고리는 마야의 비디아 아래로 온다.

칸트의 이론은 단지 인식론(認識論)에 한정된다. 그는 지식(知識)에 관련해서만 도식화(圖式化)했다.

칸트는 인간의 인식(認識)에는 한계가 있으며, 또 <이성(理性)은 어떤 확실한 판단(判斷)도 내릴 수 없다>고 했다.

그러나 **카시미르** 철학에는, 칸트 철학에는 없는, **칼라**와 **라가**의 두 가지 **칸추카**가 더 있다.

둘 다 활동성(活動性)과 관련된 것이다. 인간은, <경험 철학>의 흄이 말한 <지각(知覺)의 다발>만은 아니다. <활동하는 존재>다.

칼라는 <행위의 면에서 제한된 것>을 나타낸다. **라가**는 사물에 대한 인간의 평가를, 그의 갈망을 나타낸다.

칸트는 지식(知識)에는 두 원천이 있다고 한다. - <물(物) 자체[물질]>와 <현상(現象)[형태]>.

물질은 자연(自然)에 의해 제공되고, 또 형태는 마음에 의해 물질에 부과된 것이다. 그러니 칸트의 철학에는 소위 이원론(二元論)이 있다.

카시미르 철학에서, 물질과 형태는 **마야**에 의한 것이다.

물질은 **칼라**에 의해 제공되고, 형태는 **비디야**와 **카알라**, 그리고 **니야티**에 의해 제공된다.

마야는 칼라의 힘(力)으로 **프라크리티** 즉 물질을 생기게 한다. 그리고 **물질로부터 붓디, 아함카라, 마나스가 파생된다.**

아함카라에서 감각 기관, 행위 기관, **탄마트라**, 또 그 **탄마트라**에서 **마하부타**가 일어난다.

그러므로 <물질>과 <형태> 둘 다 **마야**에서 일어나고, **마야**는 **쉬바-샥티**로부터 일어난다. 그러므로 **카시미르** 철학에는 경감(輕減)되지 않는 <완전한 비이원론> 즉 **아드바이타**가 있다.

칸트는 <우리의 지식과 카테고리로는 세계(世界), **참나**, 신(神)을 알 수 없다>고 했다.
카시미르 철학 또한 <**마야**와 그녀가 만든 현상(現象)의 지식>은 **비칼파**[생각] 즉 <분별을 만드는 정신 구조물>을 통해서이고, <우주, **참나**, 신(神)의 지식>은 **니르-비칼파**[생각이 없는 상태]라고 한다.

칸트는 <우주, **참나**[영혼(靈魂)], 하느님의 지식은 규준(規準)[Kanon]과 훈련(訓練)[Disziplin]을 통해 얻을 수 있다>고 했다.
카시미르 철학 또한 <**실재**(實在)의 지식은 오직 경전(經典)과 **사다나**[영성 수련(靈性修練)]를 통해서 얻을 수 있다>고 한다. - **아나보파야**, **샥토파야**, **샴바보파야** 말이다.

[칸트의 이름에서 임마누엘은 <하나님이 우리와 함께 계시다>로 신의 내재성(內在性)을 말한다.]

< 6 > <우주적 경험>의 탓트와

이제 우리는 영봉(靈峰), 즉 <신성(神性)의 영역>으로 들어섰다.

여기부터는 "발에서 신을 벗는 곳"이다. 신(神)과 <나>와의 간격(間隔)은 없다. 간접(間接)이 아니다. 직접(直接)이다.

언어(言語)라는 신을 벗어야 할 때다. 이제 말은 맥(脈)을 못 춘다. **그냥 느껴라.** 그것을 표현하려고 하지 말라. **<그것>을 분명히 하려고 애쓰지 말라.**

<그 무엇>은 언어(言語)의 틀 속에 결코 갇히지 않는다. [꼭 기억하고 또 명심(銘心)하라.]
오직 "느껴라!" 그것도 감지덕지(感之德之)다!

이제 우리는 그 무엇과 <하나>가 될지도 모른다. 조심(操心)하고 조심하라. [**그 무엇과 하나가 되는 방편들이** 『비갸나 바이라바 탄트라』**다.**]

"그대는 실종(失踪)될지도 모른다."
그리고 그런 일은 <좋은 일>이다!!!

☯   ☯   ☯

(32) **삿-비디아** 혹은 **숫다-비디아**

이 **삿-비디아**의 경험(經驗)에서, <나>와 <이것>이 차지하는 비중(比重)은 <천칭(天秤)의 양쪽 접시가 균형을 이룬 상태>와 같다. 이 상태에서 <나>와 <이것>은 균등하게 인지된다.

그러나 <나>와 <이것>은 아직까지 동일할지라도, 내면에서는 구별될 수 있다.

이 단계의 경험은 **베다-아베다**, 즉 <단일성 속의 다양성>이라고 할 수 있다. 그렇지만 <이것>이 <나>로부터 구별되는 동안이라도, 그것이 <나의 한 부분>으로 느껴진다.

"<나인 무엇>이 <이것>이고, <이것인 무엇>이 <나>다."

앞으로 다룰 단계와 이 단계까지의 모든 경험은 관념적(觀念的)이다. <관념 내지 **느낌의 형태**>로만 **있다.** 그래서 <순수한 상태>라고 한다. 즉 신성의 본성이 아직 베일로 가려지지 않은 상태다.

이 단계에서는 **크리야**, 즉 **행위**(行爲)가 대세다. 잘 알다시피, 그것은 우리가 흔히 말하는 **카르마**가 아니다. 그것은 저 **무위지위**(無爲之爲)다.

(33) 이슈와라

우리가 겪어야 할 <신성(神性)의 경험>의 다음 단계는 "<이것>은 <나>다."이다. 그 경험 전체에서 이담, 즉 <이것> 부분이 약간 더 앞서는 곳이다.

그것은 운메샤, 즉 우주의 명확한 개화(開花)다.

이 단계에서는 갸나, 즉 **지식**(知識)이 우세하다. 그것은 우리가 흔히 말하는 지식이 아니다. 우리가 말하는 지식은 오히려 속박(束縛)이다. **아-갸나**이다. 즉 무지(無知)이고, 무명(無明)이다.

갸나는 <**참 지식**>을 말한다. [나중에 살펴볼 것이다.]

(34) 사다-쉬바

이 단계의 경험은 곧 "<나>는 <이것>이다."이다. 그러나 <이것>은 단지 희미하고 모호한 경험이고, 우세한 면은 **아함**, 즉 <나>이다.

<이것> 즉 <관념적(觀念的)인 우주>는, 의식의 깊이에서, <구분되지 않은 어떤 것>으로 경험된다.

사다-쉬바는 잇차, 즉 **의지**(意志)가 우세하다.

우주적 경험에서 **<이것>이라는** 면을 **부각**(浮刻)
하려는 의지(意志)[잇차]를 **사다-쉬바**, 즉 **<영원한
쉬바>**라고 한다.

[**<영원**(永遠)**>이라는** 말을 다시 음미(吟味)해야
한다. 영원은 **<지금 여기>**이다. **<이것>**이다.]

이 우주적 경험에서는, <주체>와 <대상> 둘 다
의식(意識)이다. 이때의 의식은 자신에게 인식될 수
있는 것으로 된다. 하나의 주체와 하나의 대상이다.
사다-쉬바는 첫 현현(顯現)이다.

(35) **샥티**

샥티는 **<쉬바의 에너지>**, 즉 그의 **힘**(力)이다.
그녀는 **의식**(意識)을 **<아함**[나]**>**과 **<이담**[이것]**>**
으로 – 주체와 대상으로 – 극화(極化)한다.
그러나 **샥티**는 **쉬바**에서 결코 분리되지 않는다.
쉬바는 그의 창조적인 면에서 그냥 **샥티**라고 한다.
[예술가가 그 기쁨을 자신 안에 가둬두지 못하고
노래나 시(詩)로 쏟아내듯이, **쉬바**도 **<광휘**(光輝)**의
환희>**를 현현(顯現)으로 쏟아낸다.]

샥티 탓트와에서는, **우주 의식**의 **아난다** 측면이
우세하고 현저하다.

(36) 쉬바

   칫 즉 의식(意識)! Consciousness! 차이탄야!
   이것은 파라마-쉬바의 <프라타마 스판다>, 즉
<창조적인 첫 움직임>이다.
   "빛이 있어라!" 하시매 빛이 있었고…… 그러나
여기서는 <영원한 빛>이다. 프라카샤 말이다.

           ☯   ☯   ☯

한 송이 국화꽃을
피우기 위해

봄부터 소쩍새는
그렇게 울었나 보다

파라마-쉬바……
그 <침묵의 실재>를
가리키기 위해

예부터 수많은 이들이
또 이 책까지
그렇게 피를 토하나 보다

<파라마-쉬바[하느님]>

　　<파라마-쉬바> 즉 **"하느님"** 혹은 순야[공(空)]에 **관하여는, 사실, 어떤 것도 말할 수 없다.**
　　그것은 신학자 폴 틸리히의 말처럼, 그저 "모든 것이 존재할 수 있는 배경(背景)"으로만 보인다.
　　"The Ground of being" 말이다.

　　<하느님>을 우리네 조상들은 **하늘**이라고 불렀다.

　　하늘은 있는 것인가, 없는 것인가?

　　그것은 <있다>고도 할 수 있고, <없다>고도 할 수 있다. 아니면 그것은 <있다>고도 할 수 없고, <없다>고도 할 수 없다.
　　언어로는, 말로는 "하늘은 있다."고 할 수 있다. 그러나 그 <텅 빈 것>은 정말로 <있는 것>인가? 아니면 <없는 것>인가?
　　언어로는 "침묵(沈黙)"을 말할 수 있다. 그러나 <침묵 그 자체>는, 사실, <침묵이라는 말[소리]과는 완전히 반대되는 무엇>이다.

　　실재(實在)는 <침묵의 세계>다.
　　우리 마음은 <언어의 세계>다.

우리는 [불행하게도] **언어의 세계에 살고 있다.**

사실, 인간의 모든 <[참] 종교와 수행(修行)>은 이 <언어의 세계>를 벗어나 <침묵의 세계>로 들어가고자 하는 것일 뿐이다.

파라마 쉬바는 두 가지 면을 갖고 있다.

[언어 즉 <말>로는 그렇게 표현할 수밖에 없다! **<긍정의 용어>**와 **<부정의 용어>** 등등처럼 말이다.]

<초월적인 면>과 **<내재적인 면>**!

여기서 <내재적인 면>은 <창조적(創造的)인 면>, 신성이 우주(宇宙)로 <드러나는 것>을 말한다.

파라마 쉬바의 이런 창조적인 첫 박동(搏動)을 **쉬바 탓트와**라고 한다.

칫 즉 **의식**(意識)이라는 **쉬바** 말이다.

<개개(個個)의 영혼[지바]>

쉬바 즉 **차이탄야[의식**(意識)]는 우리 모든 개인 존재의 핵심이다. **그것이 진짜 <나>이다.**

우리가 **흔히 말하는** <나> 즉 개아(個我)의 물질적인 면은, **마하부타**라는 다섯 가지 **거친** 요소가 고도로 잘 조직되고 구성되어, **스툴라 샤리라** 즉 <물질의 몸>이라고 한다. 육체(肉體) 말이다.

<물질의 몸>에는 그 <나> 안에서 움직이고 있는 **프라나 샥티**가 있다. 그 <나>가 양육되고 유지되는 것은 이 **프라나 샥티**에 의해서다.

그의 <정신적인 기구(器具)>는 **안타-카라나** 즉 <내부의 기관>으로 알려져 있고, 그것은 **마나스**, **아함카라**, **붓디**로 구성된다.

이 셋은 다섯 가지 **탄마트라**와 함께, **카시미르** 전통에 따르면, **숙쉬마 샤리라** 즉 <미묘한 몸>을 형성한다. 정신(精神) 혹은 <마음> 말이다.

<미묘한 몸> 안에 있는 <원인의 몸>이라는 영혼(靈魂) 즉 **지바**는 죽음의 순간에 몸을 떠나고……

각 개체(個體)에는 **샥티**의 한 형태인 **쿤달리니**가 척추의 기저(基底)에 잠을 자고 있다.

개아(個我)는 <깨어 있고>, <꿈꾸고>, <잠자는> 의식의 세 가지의 경험을 가진다. 그러나 거기에는 **<투리야[네 번째]>**라는 상태(?)가 있다.

그것은 개아에서 <중심이 되는 **의식(意識)**> 혹은 쉬바이다. 그것은 <**지켜보는 그 무엇**>으로, **개아는 그것을 잘 알아채지 못한다.**

투리야는 순수한 <**칫-아난다**> 즉 <의식(意識)과 지복(至福)>이다.

우리 **개아의 마음**은 전생(前生)의 <습관(習慣)의 에너지> 즉 습기(習氣)로 조건화되어 있다.

그만큼 습관은 무서운 것이다!!!

[우리의 <무의식적인> 관행(慣行), 관습(慣習)이 저 수많은 사건(事件), 사고(事故)를……]

그러나 수행자는 <**그 마음의 습관(習慣)을**>, <**그 마음의 습성(習性)을**> **스스로** - 즉 <**의식적으로**> - 뜯어고치는 것이므로, 그 마음은 <탈(脫)-조건화>가 된다. 성경(聖經)이 수없이 말하는 저 유명한 <메타노이아[μετάνοια]> 말이다.

그러면 그는 **투리야** 의식을 얻고, **지반 묵타** 즉 아직 <살아 있는 동안에 해탈(解脫)>하게 된다.

우리는 **자유(自由)**를 얻는다. 저 **대자유(大自由)** 내지 **참 자유** 말이다.

4. 나에게 <그런 자유(自由)>는 없는가?
- 벗어남 혹은 해방(解放) -

인간은 <마음에서, 즉 생각에서 자유롭게 되는 것>으로 자유롭게 될 수 있다. 다른 자유는 없다. **<마음으로부터의 자유>, <생각으로부터의 자유>가 유일(唯一)한 자유다!**

[여기서 우리는 "자유롭다"는 말의 의미를 다시 한 번 더 훑어야 한다!]

그래서 <마음이 없는 상태, 생각이 없는 상태>, 그것을 **카이발야, 니르바나**, 천국이라고 한다.

마음이 곧 구속(拘束)이고, 속박(束縛)이고, 예속(隸屬)이다.

우리의 <굳어진 생각>과 사상(思想)[이데올로기], <[이런저런] 철학과 이론들>……

종교(宗敎)라는 미명의 탈을 쓰고 우리 인간의 <영혼 사냥>에 여념이 없는…… 이제 그런 자들의 사냥 도구로 전락한 그런 신조(信條)와 교리(敎理), <믿음>이라는 것……

그런 것이 우리의 족쇄이고, 차꼬이고, 칼이다.

☯   ☯   ☯

해방이 무엇인가?

해탈은 자신의 <진정한 본성>을 재인식(再認識)[프라탸비갸]하는 것을 의미한다.

<진정한 본성>은 <원래의, 본유(本有)의, 순수한 **"나-의식(意識)">**을 말한다.

[우리가 보통 흔히 말하는 자아의식(自我意識)은 상대적인 것이다. 그것은 무아(無我)와 대조되는 것이다.]

그리고 그 <순수한 나-의식>은 즉각적으로 알아채는 것이다. 사람이 그런 의식을 가질 때, <그는 자신의 진정한 본성을 안다>고 한다. 이것이 해방 혹은 해탈이 의미하는 것이다.

아비나바굽타의 말처럼 "**목샤** 즉 해탈(解脫)은 **자신의 진정한 본성을 알아채는 일**" 외에 아무것도 아니다.

그러나 가장 높은 성취는 <쉬바 의식>의 성취다. **쉬바 의식에서는 전 우주가 <나>로 보인다.** 그리고 이런 일은 <**샥티-파타**[신성(神性) 샥티의 하강]>나 <**아누그라하**[신성의 은총(恩寵)]>로 온다.

[성경은 그것을 <성령(聖靈)을 받는 것>이라고 말한다.]

우파야

은총을 얻기 위해, 사람은 <영적인 수련>을 해야한다. 그런 수련을 **우파야** 혹은 **요가**라고 한다.

우파야는 크게 네 가지로 나누어진다. **아누파야, 샴바보파야, 샥토파야, 아나보파야.**

아누파야의 접두사 안[an]은 "거의 없는"을 의미한다. 수행자가 **샥티-파타**를 통해, 아니면 **구루**의 한 마디 말을 듣는 것으로 진정한 자신을 깨닫고, <어떤 노력도 없이> 신성의 의식 속으로 흡수될 때, <그는 **아누파야**를 통해 깨달았다>고 한다.

쉬바 수트라는 <수행(修行)의 교과서>다. 그것에 **아누파야**는 없다. **아누파야**는 어떤 특별한 수행이 없이도 깨달음을 성취한 단계이기 때문에, 그것에 대해서는 어떤 기술(記述)도 있을 수 없다.

쉬바 수트라는 총 3장(章) 77절(節)로 되어 있다.

1장은 **샴바보파야** 즉 <은총(恩寵)의 방편>을,
2장은 **샥토파야** 즉 <힘(力)의 방편>을,
3장은 **아나보파야** 즉 <개체(個體)의 방편>을

기술하고 있다.

참고로

이 수행경(修行經) **쉬바 수트라**는

제 4 장에
<**우파야** 소고(小考) Ⅰ>을 두어
샴바보파야의 의미(意味)를 살피고,
샥토파야의 의미와 대략(大略)을 먼저 살피고,

제 6 장에
<**우파야** 소고(小考) Ⅱ>를 두어
아나보파야의 의미와 대략을 먼저 살폈다.

우파야 혹은 방편(方便) 자체는
비갸나 바이라바 탄트라에서 저 "112 방편"으로
다루기 때문이다.

제 2 장

너는 왜 너이고, 나는 왜 나인가?

< 1 > 차이탄얌 아트마
< 2 > 섬광(閃光)이

원래 **쉬바 수트라**의
제 1 장 **샴바보파야**[<은총(恩寵)의 방편>]
< 1 > - < 22 > 절(節)[**수트라**, 경문(經文)]을

이 수행경(修行經) 『**쉬바 수트라**』에서는
제 2 장 < 1 > - < 11 > 절과
제 3 장 < 12 > - < 22 > 절로
[책 편집의 편의로] 나누어 다룬다.

[※ 그러므로 본문에서 말하는 장(章)과 절(節)은
원래 **쉬바 수트라**의 장과 절을 말한다.]

< 1 >
의식(意識)이 나다.

< 2 >
지식(知識)은 속박이다.

< 3 >
<현빈(眩牝)의 문>과 <세상살이>도

< 4 >
지식의 근본은 마트리카

< 5 >
섬광(閃光)이 바이라바다.

< 6 >
에너지와 하나 되면 세상은 사라진다.

< 7 >
<깨어 있을 때>, <꿈꿀 때>, <잠잘 때>
투리야를 누린다.

< 8 >
지식은 <깨어 있을 때>

< 9 >
<꿈꿀 때>는 상상(想像)하고

< 10 >
알아채지 못함이 마야의 <깊은 잠>

< 11 >
세 가지를 누리는 이 곧 주(主)시니라.

< 1 >
의식(意識)이 나다.

chaitanyam atma
차이탄얌 아트마

차이탄야 : **의식**(意識), <깨어 있음>, <알아챔>
아트마 : 나, 자아(自我), 영혼, <**실재**의 본성>

　차이탄야는 <모든 지식과 인식, 그리고 행위에서 절대적인 자유를 갖는 사람의 의식(意識)의 상태>를 말한다.
　아트마는 단순히 자아가 아니라 본성, 본질을 말한다.

　"<모든 지식과 행위에서 절대적인 자유를 갖는> **각성(覺醒)**이 <실재의 **본성**>이다."는 의미다.
　[나름대로, 멋있게 풀었는가는 몰라도 어렵기는 마찬가지인 것 같다!]

　의식(意識)이 무엇인가?

　아니, 이것은 너무 어렵고…… 다른 것으로,
　[<국어사전식의 정의(定義)>가 아니라면 말이다.]

68

생각이 무엇인가?

혹시 **생각**이 무엇인지, <**생각**[하는 것]에 대해> 생각해 보았는가?

차이탄야, 의식은 <논리적으로> 증명될 수 없다. 논리(論理)와 이성(理性), 지성(知性)이 그것에 근거하고 있기 때문이다.

그것은 <**생각하는 자**>는 결코 그 생각에 담겨질 **수 없다**는 것을 말한다.

거창한 말로, **오직** <**실존적으로만**> 알 수 있다. 여기서 <**알 수 있다**>는 말은 <**느낄 수 있고, 경험 (經驗)할 수 있다**>는 말이다.

의식 (意識)이 나다.

이것은 일종의 선언(宣言)이고 명제(命題) 같은 것이다. [직관(直觀)이고, 통찰(洞察)이다.]

<이 우주의 기초와 근본이 되는 **의식 (意識)**>이 바로 "**나**"다.

"**나는 의식 (意識)이다.**"고 혼잣말을 하는 사람의 **그 내면을 느껴 보려고** – 어쨌든 – **노력해 보라.** 그는 **지복(至福)**이다. 그는 **의지**[잇차], **지식**[갸나], **행위**[크리야]에서 절대적으로 자유롭다.

이것이 **샴바보파**야다. 이것이 <은총의 수행>을 한 사람의 상태(狀態)다.

의식은 모든 것의 실재(實在)다. **이것은 <존재의 느낌>의 원인이다.** 우리가 현존감(現存感)을 갖는 이유다. 회광반조(回光反照)는 이것을 의미한다.

의식(意識)을 **쉬바**, 신성, 불성(佛性)이라고 한다.

의식(意識)이 나다.

이것은 <샴바바 수행의 경험(經驗)>뿐만 아니라, 이 전통의 철학적 배경을 말하고 있다.

이 전통에서 **차이탄야**, 즉 **의식은** 우리가 흔히 **말하는 그 의식을 말하지 않는다.**

그것의 본성(本性)은 **칫[의식]**과 아난다[**지복**]다. 그것은 잇차[**의지**], 갸나[**참 지식**], 크리야[**행위**]로 자신을 표현한다.

그리고 **카시미르** 쉐이비즘은 **아드바이타**다. 즉 불이론(不二論)이다. 일원론이다. 이원론이 아니다.

"모든 자아의 본성은 의식이다." **의식으로서의 의식은 모든 자아에서 똑같다.**

<아는 자>, <지식(知識)>, <알려지는 것>은 모두 의식(意識)의 다른 형태일 뿐이다.

그러면 곧 이런 질문이 일어난다.

"세상의 모든 존재가 의식이라면, 어떻게 우리는 그 지복을 누리지 못하고 있는가? <의지와 지식, 행동에서> 한계만 있는가? **나는 이렇게 초라하게, 좁은 곳에 갇혀서 괴로운데……**"

우리의 속박(束縛)은 **아나바 말라, 마이야 말라, 카르마 말라** 때문이라고 한다.

[긍정적인 말로는, **의식**(意識)이 **<자신의 자유로, 자신을 감추는 것> 즉 은폐**(隱蔽)**[티로다나] 때문에 온다.**]

아나바 말라는 타고난, 제한 조건이다. <우리의 본성이 **쉬바인 것**>을 모르는 근본적인 무명(無明)이다. **아-비디아, 아-갸나**라고도 한다.

마이야 말라는 영혼에게 <물질의 몸>과 <미묘한 몸[마음]>을 주어 "다르다는 느낌"을 만드는 **마야** 때문에 온다.

카르마 말라는 카르마, 즉 <동기(動機)가 있는 행위>로 인한 마음에 남은 인상(印象) 때문에 온다.

이제 우리는 <**실제로 나를 묶고 있는**> 그 말라를 **살펴볼 것이다.** [항상 그 **말라**가 문제다. 성경에도 **말라**가 주범(主犯)인데…… "먹지 **말라**!"말이다.]

< 2 >

지식(知識)은 속박이다.

jnanam bandhah

갸남 반다

갸나 : 지식(知識), 지혜.

반다 : 속박(束縛), 묶다.

"우리의 속박(束縛)은 **아나바 말라**라는 타고난 제한 조건 때문이다. 그리고 그것은 사실, 우리의 본성에 대한 무지(無知)이다."

[멋있는 문장이지만, 이것도 <혹시나>가 아닌 <역시나>일 수 있다.]

지식(知識)은 속박이다.

지식이 왜 속박(束縛)인가?

"<아는 것>이 힘"이라는 것은 너무나 잘 알려진 사실이고, 또 지식을 많이 습득해야……

지식(知識)이 무엇인가?

[“지식은 <모르는 것>을 알게 해주고, <몰랐던 것>을 알게 되면, 자신감도 생기고…… 그런 지식, 잘 몰라서 물어?”]

“우리의 <마음>, 즉 우리의 <생각하는 일>은 늘 이원적인 것이다. 우리의 **마음은 이원성(二元性)은 잘 이해할 수 있다. 마음의 기능이 <나누는 것>, 사물을 <나누고 조각내는 일>이기 때문이다.**”

우리는 지식을 통해, <크다>와 <작다>, 선과 악, <전체>와 <부분>을 안다. 그것은 우리가 <몰랐던 불분명한 무엇>을 분명하고 명쾌하게 하는 일인데, 그것이 무슨 문제가 되는가? 그것이 왜 속박이란 말인가?

우리의 지식은 <제한된 지식, 손상된 지식>을 말한다. 우리의 **지식은 언어를 통해서 오고, 언어라는 것은 늘 범주화(範疇化)하는 것이기 때문이다.**
[<**참 지식**>이라는 말을 쓰려고 한다. <**참나**>라는 말을 쓰듯이 말이다.]

그러므로 경문에서 말하는 지식(知識)은, 사실은 <무명(無明)[아-비디아], 무지(無知)[아-갸나]>를 말한다.

지식(知識)은 속박이다.

1절은 <우리는 순수한 의식>이라고 했다. 그런데 그 순수한 의식이 어떻게 속박을 당하는가?

2절은 이 질문에 대한 답이다.

우리의 속박은 지식(知識) 때문이다. 다른 말로, <분별하는 짓>, <이분법적으로 사고(思考)하는 일> 등 말이다.

그리고 그것은 사실, 무지(無知)이고, 무명이다. <제한되고 손상된 지식>이다. 이 무명은 두 가지다.

1) <진정한 자신>, **<진짜의 나>를**
    <나>라고 전혀 **<알지 못하는 것>**
2) <몸, 마음, 영혼 등 **진짜의 나가 아닌 것>**을
    <나>라고 [남들이 말한다고 그대로] **<아는 것>**

이런 무지 내지는 지식을 **아나바 말라**라고 한다. 그것은 워낙 뿌리가 깊은 것이어서 잘 자를 수가 없다. 그래서 <타고난 것>, <생래적(生來的)인 것>이라고 한다.

이 **아나바 말라**는 어디서 오는 것인가?

그것은 **쉬바**의 <놀라운 힘> 때문이다. **쉬바**의 이 <본성을 가리는 능력>을 **마하-마야**라고 한다.

74

아누, 즉 <제한된 개체>에서 <그 자신을 가리는 일>이 **말라**로 작동한다.

<자신을 감추는 일> 즉 은폐(隱蔽)[티로다나]는 수많은 형태로 <삶이라는 놀이>를 하는 **쉬바, 즉 의식(意識)의 책략(策略)이요, 기교(技巧)다!**

[<신의 가면(假面)>, <페르소나[persona]> 등등의 그 수많은 <신화(神話)의 세계>를 섭렵(涉獵)하라! 그것이 또한 **참 지식**으로 인도(引導)할 것이다.]

지식(知識)은 속박이다.

쉬바는 스와탄트리야 즉 <우주적인 드라마에서 방해받지 않는 힘>을 가지고 있다. 그 **마하-마야**의 힘을 통해, 그는 본 얼굴을 가리고, **제한된 지식과 형태를 떠맡는다.** 우리가 사는 <이 세계(世界)>라는 드라마는 그렇게 시작된 것이다.

천지창조는, 우주의 전개는 <그의 본성을 너울로 가리는 것>이다. 이것은 신성(神性)이 <무의식적인 거친 물질(物質)>로 하강하는 단계다.

그 후, 그는 가면을 벗고 **다시** 본 얼굴을 드러낼 것이다. **그때 그의 본성을 <알아보는 것>은 오직 인간에게만 있다.** 요가 혹은 영성 수련은 바로 이 재인식(再認識)을 위한 것이다.

< 3 >
<현빈(眩牝)의 문>과 <세상살이>도

yoni-vargah kala-shariram
요니-바르가 칼라-샤리람

요니 : 근원(根源), 음문(陰門)
바르가 : 탓트와의 분류(分類)들
칼라 : 행위, 활동(活動)   샤리라 : 형태, 몸

　요니-바르가는 <마야와 그 자식들>로, 이 세상의 근원(根源)과 그 가족을 말한다.
　칼라-샤리라는 <활동의 몸>이다. 즉 그 행위를 통해 이 세상은 영위(營爲)된다.
　그러므로 요니-바르가는 마이야 말라이고, 칼라-샤리라는 카르마 말라다.

　2절의 **속박이다**는 3절에도 계속된다. 그래서

　"마이야 말라와 카르마 말라도 속박이다."란 뜻이다.

<현빈(眩牝)의 문>과 <세상살이>도 속박이다.

여기서 **<현빈(眩牝)의 문>**은 도덕경(道德經)에서 빌렸다.

谷神不死(곡신불사)　　골짝의 신
是謂玄牝(시위현빈)　　일러 현빈
玄牝之門(현빈지문)　　현빈의 문
天地之根(천지지근)　　모든 근원

　<검을 현(玄)>보다는 <아찔한 현(眩)>이 여기서는 더 좋을 것 같아서 바꿔 썼다. 아찔한 그 순간을, 아니면 아득하게 느껴지는 그 무엇을…… 나름의 경험에 비추어 알아들을 일이다.

　[아 참, <늙은 선생님>께서는 저작권(?)인가 하는 것…… 없겠지요? "허허, 그것 참……" 선생님의 그 목소리가 들리는 것 같습니다.

俗人昭昭(속인소소)　　세상사람 똑똑한데
我獨昏昏(아독혼혼)　　나 혼자 어리숙고,
俗人察察(속인찰찰)　　세상사람 따지는데
我獨悶悶(아독민민)　　나 홀로 바보로다.

<꿈속의 징표(徵表)>, 각골난망(刻骨難忘)입니다.]
　각설(却說)하고,

<현빈(眩牝)의 문>과 <세상살이>도

2절은 **아나바 말라** 때문에, 그 잘난 지식 때문에 우리가 속박(束縛)의 상태에 있다고 한다.

3절은 우리를 <구속(拘束) 체포(逮捕)한 사람>은 **아나바 말라**만이 아니라고 한다. <**아나바 말라를 기초로 하는**> **마이야 말라**와 **카르마 말라**도 있다.

[다들 <구속 영장(令狀)>인지 무언지 하는 것을 우리에게 제시했는지 기억도 없다. 하도 오래된 일이라서…… 구속(拘束)을 구속(救贖)할 방법은 없는 것인가? 저 <십자가에서 생사람 잡는 방법> 말고는 말이다.]

마이야 말라는 우리에게 <물질의 몸> 즉 육체와, <미묘한 몸> 즉 마음 혹은 정신이라는 장소를 제공해 준다.

그것은 <나만의 전용(專用) 공간>이다. 안 그래도 내 집, 내 방이 없어서 설움이 많았는데, 참 반가운 일이다. 이제 나는 나만의 공간을 멋있게 꾸밀 것이다. 그래서 우리는 다들 그렇게 꾸몄다.

그러나 가만히, 곰곰이 잘 생각해 보면, 그것은 감옥(監獄)이다. 아무리 잘 꾸미고 인테리어했다고 하더라도 감옥은 감옥이다. 우리는 나의 몸과 나의 마음 안에서 "한정되고, 묶여 있다."

<나의 몸>을 구성하는 감각 기관과 행위 기관과 그 힘들…… **<나의 마음>을 구성하는** 나의 생각과 느낌, 내가 겪은 모든 경험(經驗)과 내가 마주쳤던 그 모든 정보, 수많은 출처(出處)로부터 긁어모은 그 모든 지식과 사상과 철학, 믿음과 신조(信條), 나의 종교와 가치관……

그것들은, 멋있다고 생각할지도 모르지만, 실로 <아찔한 가구(家具)들>이고, <현기증(眩氣症) 나는 가족(家族)들>이다. 그래서 **현빈(眩牝)의 문**이라고 했다. 그 **문**(門), 즉 그 가문(家門)을 먹여 살리는 일이니, 등골이 빠진다. 족쇄는 족쇄다.

카르마 말라는 <동기가 있는 행동>을 유발한다. 기독교가 가르치듯이, 우리가 <세상으로 향(向)하는 것>은 내가 죄인(罪人)이어서 그런 것이 아니다.

우리의 몸은 흙, 즉 세상(世上)에서 온 것이고, 우리의 마음도 사회(社會), 즉 **세상** 외에 아무것도 아니다. 세상으로 와서 세상에서 발붙이고 살려니, <밖을 향할 수밖에>, <세상으로 향할 수밖에> 더 있겠는가? [죄인 운운하면서, 괜히 죄 없는 사람들에게 죄책감(罪責感)이나 심는 짓은……]

하여튼 우리의 행동과 그 남은 흔적들은 공허한 것이 아니다. 그것은 **카르마**가 되어 우리를 다시금 **세상살이**로 내몬다.

그래서 쉬바 수트라는 말한다.

지식(知識)은 속박이다. 그리고
<현빈(眩牝)의 문>과 <세상살이>도

아나바 말라 혹은 갸나는 <오염(汚染)된, 왜곡된 지식>이다. 그 때문에 우리는 <본래의 나>인 **참나**, 신성(神性)을 잊어버리고, 자신을 몸과 마음이라고 여긴다.

우리를 옭죄고 얽어매는 세 가지 **말라**는 모두 <제한되고 손상된 지식>에 기초를 두고 있다. 또 그 지식은 말에, 언어에 뿌리를 두고 있다.

말은 우리의 온 삶에, 우리의 인생관과 가치관에 엄청난 영향을 주고 있다.
<지금의 나>를 완전히 장악하고 지배하고 있다.
[이런 것을 뼈저리게 느껴야……]

말은, 잘 아는 대로, 소리로 되어 있다. 인간은 언제부터인가 소리를, 즉 음소(音素)와 음절(音節)을 문자(文字)로 적기 시작했다.

음소, 음절 등 <말의 근원(根源)이 되는 무엇>을 인도(印度)에서는 **마트리카**라고 한다.

< 4 >
지식의 근본은 마트리카

jnana-dhishtanam matrika
갸나-디슈타남 마트리카

갸나 : 지식, 제한된 지식   디슈타나 : 근본, 기초
마트리카 : 마트리카, <모든 소리의 어미>

"우리를 가두는 세 가지 **말라**는 결국 <제한되고 손상된 지식> 때문이다.
그리고 그 지식은 <말>에 뿌리를 두고 있고, 그 말은 <글자 혹은 소리>라는 **마트리카**로 되어 있다.
그러므로 **마트리카가 그 모든 지식의 근본이고 기초다.**"

마트리카는 "어머니???"를 뜻한다. [우리가] <잘 모르는 어머니>라고 한다. **마트리카**의 신비(神秘)가 풀려지지 않는 한, 그 어머니는 우리를 속박하고, 가두는 근원이 된다.
[그러나 그것의 신비가 풀려질 때, 우리가 그것을 이해(理解)할 때, 그것은 "아, 어머니!!!"가 된다.
다시 말하지만, 이해하면 느껴진다. **마트리카**는 <해방의 근원>이 된다.]

인도인들은 <우주의 모든 것은 소리로 이루어져 있다>고 한다. <샤브다 브라흐만> 말이다. 실제로, **세계 전체는 <소리>로 가득 차 있고, 오로지 인간 세계만이 <말>로 가득 차 있다.**

언어 즉 말은 인간이 만든 세계의 모태(母胎)다. 그것이 마트리카다.

지식의 근본은 마트리카

비갸나 바이라바는 말한다.

**빛나는 이여!
문자를 넘어 소리로, 느낌으로 가라.**

여기서 **문자**는 <문자 언어>를 말하고, **소리**는 <소리 언어>를 말한다. 그리고 또 <소리 언어>가 <문자 언어>보다 먼저다.

[아직도 <소리 언어>만 있고, 문자(文字)가 없는 소수 민족이 있다고 하지 않은가? 그들은 이참에 불립문자(不立文字)(?)할 일이다.]

언어 즉 말이 무엇인가?

말은 <그것이 이런저런 것을 뜻한다고 **사람들이 동의(同意)한 소리>이다.** 이런 것을 확실하게 이해해야 한다. <말>은 소리다.

<생각>이 무엇인가? <나열된 말>이다. 논리적인 배열로, 특정한 유형[어법, 문법]으로 나열된 말이 생각이다. 그러므로 **<소리>가 기본이다.**

소리로써 <말>이 만들어지고, 말로써 <생각>이 만들어지고, 그다음 <생각>으로써 우리를 얽어매는 모든 종교와 철학, 세계관과 가치관이 만들어졌다.

이 방편은 그 역(逆)으로 가라고 한다.

지식의 근본은 마트리카

우리를 가두는 세 가지 **말**라는 결국 <제한되고 손상된 지식> 때문이고, 그 지식은 <말>에 뿌리를 두고 있고, 그 말은 또 **마트리카**가 그 원인이다.

우리가 이 체포, 구금(拘禁) 내지 감금(監禁)에서, <빨리, 빨리> 벗어날 방법은 없겠는가?

마트리카는 2장 **샥토파야**[<힘(力)의 방편>]에서, 특히 **만트라**라는 <언어의 힘의 방편>에서 자세히 다룰 것이다.

[<빨리, 빨리>는 영성(靈性)에서는 <통하지 않는 방법>이다. 그러므로 우리 한국인들에게는 어려운 무엇이다.

　　그런 것이 어쩌면 "오직 [<한 번>] 믿음으로, 저 영원한 천국을!"이 우리에게 매력(魅力)이 되었는지 모른다. 빠르고 간단하다!]

　　여기도 <더 빠르고 아주 간단한 방법>이 있기는 한데……

　　그것이 **샴바보파야**라는 다음의 절(節)이 말하는 것이다.

< 5 >
섭광(閃光)**이 바이라바다.**

udyamo bhairavah
우댜모 바이라바

우댜마 : 섭광(閃光), 번쩍임
바이라바 : 바이라바, 쉬바 즉 **<우주 의식>**

　"바이라바 즉 **<신(神)의 상태>** 혹은 **우주 의식이
섭광**(閃光)**처럼** 나타나서 무지(無知), 무명(無明)의
족쇄를 흩어버리고 우리를 자유롭게 한다."

섭광(閃光)**이 바이라바다.**

　이 말은, 한마디로, **샴바보파야** 즉 <은총(恩寵)의
방편>을 설명하고 있다.

　이것은 <아주 진보(進步)된 사람>에게 나타난다.
예수가 요단강(江)에서 세례(洗禮)를 받고 물에서
올라 올 때, "하늘이 열리고"라고 한 그 사건 같은
것을 말한다.
　그것은 **신성**(神性) 혹은 **칫** 즉 **의식**(意識)이라는
저 <내면의 하늘>이 열리는 순간이다.

그것은 **섬광**(閃光)이다. 즉 번개처럼 <갑작스런 번쩍임>으로, 우리는 그것을 단지 일별(一瞥)할 수 있을 뿐이다.

섬광(閃光)**이 바이라바다.**

우댜마, 즉 **섬광**은 <나의 노력(努力)>이 아니다. 그래서 <은총의 방편> 즉 **샴바보파야**라고 한다.

말리니비자야 탄트라는 말한다.
"그 일은 <**스승에 의해** 깨어 있게 된 일>이나 <자신이 **강(强)하게 깨어 있는 일**>로써, 모든 생각에서 자유롭게 되었을 때, **일어난다.**"

그래서 **니르-비칼파 요가**라고도 한다. 이 경험이 모든 생각이 완전히 정지되었을 때 일어나기 때문이다.

궁극의 실재(實在) - **쉬바** 즉 **의식**(意識)이라는 <내면의 하늘>은 <빛과 지복>이다. 그것은 <영원한 현재(現在)>로 영존(永存)하는 것이다.
그것은 우리의 안에서 그 자체의 영광(榮光)으로 영원히 빛나고 있다. 그러나 빽빽한 생각의 구름 때문에, 우리는 볼 수가 없다.

그것은 <생각이라는 그물>로 잡을 수 있는 것이 아니다. 우리는 그 생각의 그물을 멋지게 던질지도 모르지만…… [철학자나 신학자들처럼 말이다.]

그것을 잡으려고 노력할수록, 그것을 거머쥐려고 애쓸수록, 그것은 나에게서 더 물러나고 멀어진다. 의식(意識)을 알기 위해서는, 생각은 죽어야 한다.

마음이 저지르는 <이분법적(二分法的)인 범죄>를 금(禁)해야 하고, <연상(聯想)으로 돌아가는 생각의 바퀴>는 멈춰야 한다. 한마디로, 지성(知性)이라는 망령(妄靈)은 잠들어야 한다.

비갸나 바이라바는 말한다.

**마음이 생각과 인습(因習)으로부터 자유로울 때
사람은 저절로 이러한 내적인 경험을 할 수 있다.**

그것은 <보는 자[의식 또는 주체]>와 <보이는 것 [대상 또는 세상]>, <보는 일[인지(認知)]>의 구별이 완전히 없는 경험(經驗)이다. 그래서 **아베도파야** 즉 <분별을 하지 않는 수행>이라고 한다.

그것은 또 <강력한 의지력[잇차 샥티]>에 의해, <**의지**(意志)**의 힘의 방향**(方向)> 때문에 일어나는 것이어서 **잇차-요가**라고도 한다.

아비나바굽타는 그것을 아름답게 말했다.

"어떤 것을 거부(拒否)하지도, 수용(受容)하지도 말고, <영원한 현존> 안에 거(居)하라."

그것은 <생각이 없이, 판단(判斷)이 없이, 그냥 알아채고 있는 상태>이다. **<알아채고 있는 것>은 <생각하는 것>이 아니다.**

<알아채는 일>은 훈련이 아니다. 습관이 아니다. 그것은 그냥 <한 순간, 한 순간> 알아채는 일이다. 순간에서 순간으로 <지켜보는 일>이다.

실재(實在)라는 저 자유의 땅 <내면의 하늘>은, 우리가 그 안에서 항상 살고 있는 것이다. 그러나 우리는 그것을 알지 못한다.

샴바보파야는 그것을 그냥 재발견(再發見)하라고 우리를 타이른다. 그것은 [우리에게 <익숙한 말>인] **무위**(無爲)다.

[그러나 실제로 우리는 <무위 그 자체>에는 익숙하지 않다. 나 혼자, 방에 있을 때를 관찰해 보라. 그냥 가만히 있지 못한다. 라디오를 켜든, 신문을 보든, 어떤 생각을 하든……

실제로, **<그냥 있는> 그 상태는 두려운 것이다.** 우리 대부분은 그런 것에 익숙하지 않다. 우리는 이 <새로운 자유>에 익숙해져야 한다.]

그리고 **크세마라자**는 <**샴바보파야**는 **샥토파야**로 도움을 얻을 수 있다>고 한다.

지금 한 생각이 거의 사라져 가고, 다른 생각이 일어나기 바로 직전, 바로 그 순간, 그 두 생각이 일어나는 배경(背景)인 저 의식이라는 하늘 공간이 드러난다. 그 **빽빽**한 <생각의 구름> 사이로……

그것은 계시(啓示)다. 그리고 이것은 모든 사람이 스스로 경험할 수 있다.

바이라바, 즉 <신(神)의 상태>, **의식**(意識)이라는 하늘이 **섬광**(閃光)으로 드러난 뒤, 저 **우주 의식**이 완전히 확립되었을 때, **그때,**

저 <우주적인 에너지>, 즉 신성의 **샥티**와 하나가 되었을 때, **그때,**

나에게 도대체 무슨 일이 일어나는가?

< 6 >

에너지와 하나 되면 세상은 사라진다.

shaktih-chakra-sandhane vishva-samharah
샥티-차크라-산다네 비슈바-삼하라

샥티 : **힘(力)**, 에너지
차크라 : **차크라**, 중추(中樞), 바퀴
산다나 : 합일(合一), 연합   **비슈바** : 우주, 세계
삼하라 : 소멸(消滅), 사라짐

   "강하고 지속적인 <알아채는 일>을 통해, **샥티-
차크라** 즉 <우주적인 에너지>와 합일하면,
   우주가 <의식과 분리된 어떤 것>이라는 느낌은
사라진다."

에너지와 하나 되면 세상은 사라진다.

   그때, **비슈바-삼하라** 즉 <[의식(意識) 즉 주체,
"나"와 분리된 어떤 것으로 보이는 그런] **세상**>은
사라진다.
   나의 마음이 오직 한 곳에 집중되고 고정될 때,
샥티 즉 에너지, 기(氣), 영(靈)은…… **우주 전체는
의식(意識)의 한 형태로 보인다.**

비갸나 바이라바는 그 방편을 말한다.

영(靈)이 안팎에 있다고 상상하라.

눈을 감고, <**영적(靈的)인 힘이, 에너지가 나의
안팎에서 느껴진다**>고 상상(想像)하라. 안에서부터
<**의식(意識)의 강**>이 흐르고 있다. 그것은 방 안을
두루 흘러서, 흘러넘친다. 나의 안과 밖, 모든 곳에
에너지가 가득하다. 기(氣)가 점점 빨리 움직이고
있다.

점차로 우주 전체가 영화(靈化)되는 것을 느껴라.
이 방의 벽과 주위의 사람들과 나무가, 모든 것이
비물질(非物質)이 된다. <**이제 물질은 없고, 에너지
만이, 오직 영만이 안팎에 있다**>고 느낀다.

곧 우리는 안과 밖도 사라졌다고 느낄 것이다.
몸이 영적인 것이 될 때, **그것이 에너지라고 느낄
때, 안과 밖이라는 구분(區分)과 분별(分別)은 없다.**

그리고 또 그것은 엄연한 사실이다. 나는 지금
<어떤 특정한 방식으로만 사물을 바라보는 생각의
낡은 패턴>을 부수고 있다.

모든 분별(分別)이 사라지고, 우주 전체가 단지 <에너지의 대양(大洋)>이 되어 버렸다고 느낄 때, 우리는 무섭다. 마치 내가 미쳐 가고 있는 것처럼 느껴질 것이다.

소위 우리의 <온전함[sanity]>이라는 것은 분별 (分別)하는 것으로 이루어져 있고, 우리의 <온전한 상태>라는 것은 이 현실(現實)로 이루어져 있는데, <이 현실[을 분별하는 것]>이 사라지기 시작한다면 나의 온전함도 동시에 사라지고 있다고 느껴지기 때문이다.

신비가와 <온전하지 못한 사람들>, 둘 다 소위 이 현실 너머로 움직인다. 만약 우리 편에서 어떤 노력도 없이 우리의 마음과 그 분별을 잃는다면, 우리는 <온전하지 못하게[insane]> 될 것이다.

그러나 **우리의 <의식적(意識的)인 노력>으로써 그런 개념(概念)과 생각을 부순다면, 우리는 <분별 하지 않게[un-sane]> 될 것이다.** 그것은 <온전하지 못하게> 되는 것이 아니다. **<분별하지 않는 것>은 종교의 차원이다.**

이런 일이 일어날 때, 우리는 신(神)이 무엇인지 안다. **<에너지의 대양>이 신이다.**

이렇게 **에너지와 하나 되어 세상이 사라진** 사람에게는, 소위 <명상(冥想)하는 시간>과 <일상생활(日常生活)의 상태> 사이에 차이가 없다.

그는……

< 7 >
<깨어 있을 때>, <꿈꿀 때>, <잠잘 때>
투리야를 누린다.

jagrat-svapna-sushupta-bhede
turya-abhoga-sambhavah
자그랏-스왑나-수숩타-베데
투리야-아보가-삼바와

자그랏 : <깨어 있는 상태>
스왑나 : <꿈꾸는 상태>　　수숩티 : <잠자는 상태>
베다 : 다양(多樣), 다름
투리야 : 투리야, <네 번째>　　아보가 : 기쁜 경험
삼바와 : 생겨나다, 거(居)하다, 남는다

　　"<깨어 있고>, <꿈꾸고>, <잠자는> 세 가지 다른
상태에서도 <네 번째>인 <나-의식> 즉 삿-칫[존재-
의식]의 아난다[지복, 기쁨]의 경험에 있다."

　　먼저, 그 방법, 그 기법(技法)부터⋯⋯

　　　　　☯　　　　　☯　　　　　☯

비갸나 바이라바는 말한다.

**깨어 있을 때, 꿈꿀 때, 잠잘 때
알아채라.**

이 방편은 **어렵다. <깨어 있을 때>부터 시작해야
한다. 아니면 어떻게 꿈속에서 나 자신을 기억할
수 있겠는가?** 어떻게 할 것인가?

깨어 있는 동안, 자신을 빛이라고 상상하라. 끊임
없이 그렇게 상상한다면, 멀지 않아, 온종일 기억할
수 있을 것이다. 그때, 그것을 꿈속으로 가져갈 수
있다. **처음에는, 나는 빛이라는 꿈을 꿀 것이다.**

그러나 점차로 꿈속에서도 똑같은 느낌을 가지고
움직일 것이다. 그런 느낌을 가지고 꿈속으로 들어
간다면, 꿈이 사라지기 시작한다. **꿈이 사라졌을
때, 그때 우리는 이 느낌을 잠 속으로 가져갈 수
있다.** 그 전에는 안 된다.

이제 우리는 문 앞에 서 있다. 우리는 그 속에서
알아채게 될 것이다. **잠은 이제 오직 나의 몸에만
일어난 것이고, <나>에게는 아니다.**

☯   ☯   ☯

5절 "**섬광(閃光)이 바이라바다.**"에서, 우리는 이 <은총(恩寵)의 방편>으로 <바이라바 의식(意識)>인 <**나-의식**>이 갑자기 출현한다고 했다.

<**깨어 있을 때**>, <**꿈꿀 때**>, <**잠잘 때**>
투리야를 누린다.

몇 가지 알아두어야 할 것이 있다.

첫째, **투리야** 즉 <**네 번째**>는 다른 세 가지를 <지켜보는, 늘 있는 무엇>이다. 사실, 이것은 아주 간단한 것이다. 생각해 보라.

만약 내가 <깨어 있는 것>인데 지금 <꿈속>으로 움직이고 있다면, 나는 그 둘 다일 수가 없다. 내가 <깨어 있는 것>이면, 어떻게 그때 내가 꿈을 꿀 수 있겠는가? 또 내가 <꿈꾸고 있는 것>이면, 어떻게 내가 <깊은 잠> 속으로 떨어질 수 있겠는가?

나는 한 사람의 여행자여야 하고, 이 세 가지는 단지 지나가는 역(驛)이어야 한다. 그때 나는 여기 저기로 움직일 수 있고 또 돌아올 수도 있다.

그러므로 세 가지는 상태(狀態)들이다. **그런 상태 안에서 움직이는 것이 <나>다. 나는 <네 번째>다.** 그것은 우리가 영혼(靈魂), 신성(神性)이라고 부르는 것이다.

둘째, 세 가지는 그 조건이 모두 다르다.

<깨어 있을 때>는 우리의 감각, **마나스**[마음], **프라나**[호흡]가 활동한다.

<꿈꿀 때>는 눈, 귀 등의 감각은 활동을 멈춘다. 그 기능은 마음에 의해 상상(想像)으로 대치된다. 꿈에서 우리는 보고 듣고, 달리고 먹는다. - 모두 정신적으로. **마나스**와 **프라나**만 활동한다.

<잠잘 때>는 이제 마음의 기능도 멈춘다. 오직 **프라나**만 활동한다.

그러므로 세 가지는 전혀 다른 상태들이다.

셋째, **투리야** 즉 **<네 번째>**는 <우리가 느끼고, 생각하고, 행하는 모든 것>의 배경(背景)으로 항상 남는다. 그것은 항상(恒常) 거기에 있다. <영원히 현존하는 것>이다.

그것은 우리의 노력으로, <영성 수련>으로 생산되는 무엇이 아니다. 그러면 이 **쉬바 수트라**와 또 우리의 수행이 무슨 필요가 있는가?

그것이 모든 것의 배경으로 남는다고 하더라도, <우리가 그것을 알아채지 못하고 있는 것>이 문제다. 그러므로 모든 **수행과 우파야는 <우리 자신을 준비하는 것>이다.**

[샴바보파야는 이미 준비(準備)된, 아주 진보된 영혼들을 위한 것이다. 그들에게 **섬광**이 있다.]

넷째, 카시미르 쉐이비즘의 **투리야**는 저 **샹카라** 베단타의 <지켜보는 의식>인 프라카샤만이 아니다.

그것은 또한 비마르샤. <쉬바 의식>의 황홀한 경험으로 가득 찬 비마르샤 말이다.

<깨어 있을 때>, <꿈꿀 때>, <잠잘 때> 투리야를 누린다.

[우리가 보통 **깨어 있을 때**를 의식(意識)이라고 한다면, **투리야**는 <초월 의식(超越意識)>으로 부를 수 있다.]

온갖 종류의 망상(妄想)과 공상(空想), 즉 생각에 몰두하고 있는 사람은 <깨어 있다>고 해도, **사실은 <꿈의 상태>에 있는 것이다.**

<**실재(實在)라는 그 무엇**>의 통찰(洞察)을 얻지 못한 사람은, **실제로 <잠을 자고 있는 상태>다.**

그러므로 이렇게 말할 수 있다.

참나 즉 **투리야**, <초월 의식>에 깨어 있지 못한 우리는, 진실로, 저 <몽유병자(夢遊病者)의 상태>와 같다고 말이다.

< 8 > < 9 > < 10 >
지식은 <깨어 있을 때>
<꿈꿀 때>는 상상(想像)하고
알아채지 못함이 마야의 <깊은 잠>

jnanam jagrat
갸남 자그랏
svapno vikalpah
스왑노 비칼파
aviveko maya-saushuptam
아비베코 마야-사우숩탐

갸나 : 지식　　**자그랏** : <깨어 있는 상태>
스왑나 : <꿈꾸는 상태>　　**비칼파** : 상상, 생각
아-비베카 : <분별하지 못하는 것>, 각성의 결여
마야 : 환영(幻影), 기만　　**수숩티** : <잠자는 상태>

"<감각으로 얻는 지식(知識)>과 <모든 의식 있는 주체들의 공통된 지식>은 **깨어 있을 때**이고"

"**꿈꿀 때**는 <꿈꾸는 자>의 상상(想像)이 마음의 활동으로 있으며"

"알아채지 못함은 **마야**로 인한 **깊은 잠**에서다."

우리는 <깨어 있을 때>, <꿈꿀 때>, <잠잘 때>가 있다는 것을 너무나 잘 안다.

[그러나 <깨어 있을 때>, 내가 깨어 있다는 것을 잘 모르고, <꿈꿀 때>, 내가 꿈꾸고 있다는 것은 더욱 잘 모르고, <잠잘 때>, 내가 잠자고 있다는 것은 아예 모를지도 모른다.]

지식은 <깨어 있을 때>
<꿈꿀 때>는 상상(想像)하고
알아채지 못함이 마야의 <깊은 잠>

크세마라자는 말리니비자야 탄트라를 인용하여, 이것들을 주체(主體) 즉 <아는 자>를 기준으로 더 자세히 설명한다.

[요기 즉 수행자(修行者)의 견지에서 말이다. 잘 몰라도 아무 탈 없다. 밥 먹고 사는 데는……]

먼저, 우리가 보통 <깨어 있을 때>라고 부르는 것을 네 가지로 나눈다.

(1-1) 자그랏-자그랏
<어떤 대상이 외부의 대상으로만 알려졌을 때>, 즉 <현저(顯著)한 것이 대상일 때>, 우리는 보통 <깨어 있다>고 한다. 그러나 요기의 견지에서는,

아-붓다 즉 <깨어 있지 못한 상태>다.

(1-2) 자그랏-스왑나

<의식에서 외부의 대상은 많지 않고, 그 대상의 관념만이 현저할 때>, 그것은 깨어 있는 상태에서 일종의 꿈이다. **요기**의 견지에서는, **붓다** 즉 <깨어 있는 상태>다.

(1-3) 자그랏-수슙티

의식에서 주체 즉 <아는 자>가 현저할 때, 그때 <아는 자>는 아는 주체와 관련해서는 깨어 있다. 대상과 관련해서는 잠들어 있다. **요기**의 견지에서, **프라-붓다** 즉 <잘 깨어 있는 상태>다.

(1-4) 자그랏-투리야

<깨어 있는 상태에서, 의식만이 여여(如如)하게 현저할 때>, **요기**의 견지에서는, **수프라-붓다** 즉 <완전히 깨어 있는 상태>다.

우리에게는 모두 그냥 <깨어 있는 상태>이지만, **요기**는 <대상(對象)과 관련하는 상태>라고 한다.

이제 <**꿈꿀 때**>를 알아보자.
역시 네 가지로 나눈다.

(2-1) 스왑나-자그랏

<꿈의 세계가 아주 명확하고, 정확하고, 정적일 때>, 그것은 꿈속에서 깨어 있는 상황이다. 그것을 **가타가타**라고 한다. **프라나**의 움직임이 활발하다. 그 때문에 꿈 세계가 아주 명확한 것이다.

(2-2) 스왑나-스왑나

<꿈 현상 전체가 흐릿하고 애매할 때>, 그것은 <꿈꾸는 상태 안에서 꿈같은 상황>이다. **수빅쉽타**라고 하는데, 꿈 현상이 무질서하기 때문이다.

(2-3) 스왑나-수슙티

<꿈꾸는 자가 어떤 꿈의 대상과 다른 꿈의 대상 사이에 조화(調和)와 일관성(一貫性)을 느낄 때>, 그는 평화로운 잠을 즐긴다. **삼가타**라고 한다.

(2-4) 스왑나-투리야

<꿈꾸는 자가 자신을 완전히 알아챌 때>다. 즉 그는 지신이 **지금 꿈을 꾸고 있다는 것을 알아채고 있다.** 수사마히타라고 하는데, 꿈꾸는 자가 완전히 <통합된 개인(個人)[individual]>이기 때문이다. [* in(不) + divide(나누다), <나눌 수 없다>는 뜻]

  <**잠잘 때**> 즉 <**깊은 잠**>도 네 가지다.

(3-1) **수슙티-자그랏**

<잠자면서, 깨어 있는 상태>가 있다. **유디타**라고 하는데, <대상(對象)을 경험한 뒤의 인상(印象)>이 잠재적인 형태로 있기 때문이다.

(3-2) **수슙티-스왑나**

비풀라라고 하는데, <대상의 남은 흔적(痕迹)>이 커져서 더 강하게 되었기 때문이다.

(3-3) **수슙티-수슙티**

샨타라고 하는데, 그 인상, 그 흔적이 가라앉고 조용하게 되었기 때문이다.

(3-4) **수슙티-투리야**

수프라산나라고 하는데, **쉬바**의 **<나-의식>**으로 들어가 평화와 기쁨으로 가득하기 때문이다.

간단히, 이렇게 말할 수 있다.

<깨어 있는 상태>는 **<알려지는 것>** 즉 대상의 국면이 현저한 상태이고,

<꿈꾸는 상태>는 **지식** 즉 **<앎>**, **<아는 일>**, 곧 <정신 작용>이 현저한 상태이고,

<잠자는 상태>는 **<아는 자>** 혹은 주체(主體)의 국면이 현저한 상태이다.

투리야 상태는 세 가지만 있다.

(4-1) **투리야-자그랏**

<우리가 아는, 보통의 그 마음은 완전히 물러난 상태>다. **마논마나**라고 하는데, <마음 너머의 것> 즉 **운마나[무심**(無心)]가 일어나기 때문이다.

(4-2) **투리야-스왑나**

아난타라고 하는데, **요기**가 존재의 <제한(制限)되지 않는 영역>으로 들어가기 때문이다.

(4-3) **투리야-수슙티**

사르와르타라고 하는데, <모든 것이 신성(神性) 샥티의 형태>로 보이기 때문이다.

<**투리야-투리야**> 같은 것은 없다!

투리야에서 수행자는 <**쉬바** 의식>과 동일시되어 있다. 대상과 주체라는 일반적인 형태는 사라지고, **초월(超越)과 내재(內在)라는 분별도 사라진다.**

모든 것이 <신성(神性)의 빛> 속에 잠긴 것으로 보이고, 모든 것이 **쉬바**다. **모든 것이 신(神)이다!**

< 11 >

세 가지를 누리는 이 곧 주(主)시니라.

tritaya-bhokta vireshah
트리타야-복타 비레샤

트리타야 : 세 가지   복타 : 향유자(享有者)
비레샤 : 주(主), 주인

"<깨어 있을 때>, <꿈꿀 때>, <잠잘 때>의 세 가지 상태에서
투리야 즉 네 번째의 <초월 의식>을 유지하는 사람은,
그는 <홀로> <진정한 복타> 즉 진정한 향유자다.
그는 그의 <감각(感覺)의 주(主)>다."

투리야 의식과 연합한 사람은 쉬바의 황홀한 <나-의식>을 세 가지 상태에서도 즐긴다.
그리고 자신의 감각(感覺)을 완전히 조절한다.

요가 즉 수행(修行)이라는 것은 참으로……

제 3 장

전에는 네가 나이더니,
이제는 내가 너로구나!

< 1 > **만물(萬物)이 몸이다.**
< 2 > **알아채는 일**

샴바보파야를 <영적(靈的)인 수행>,
샥토파야를 <심리적(心理的)인 수행>,
아나보파야를 <신체적(身體的)인 수행>
이라고 흔히 말한다.

그러나 우리 대부분에게는
- <언어라는 **습관(習慣)의 힘>에 취약(脆弱)**해서
<어떤 말을 (내가 아는) 그런 것>으로만 아는 -
<거친 표현>일 수 있다.

우리는, 내가 흔히 쓰고 또 많이 접해 본 말일수록,
잘 안다고 여기면서 그냥 지나간다.
그러면 저 <재(再)-해석>의 기회 또한 지나간다.

< 12 >
요가의 단계에는 매혹적인 경이(驚異)가

< 13 >
의지(意志)의 힘은 처녀(處女) 우마

< 14 >
만물(萬物)이 몸이다.

< 15 >
가슴에서 마음이 녹아
세상과 공(空)으로 보인다.

< 16 >
순수한 존재를 알아채는 것으로
짐승의 힘에서 벗어난다.

< 17 >
알아채는 일이 <자기 지식>

< 18 >

세상을 아는 즐거움이 사마디의 기쁨

< 19 >

의지(意志)의 힘으로 몸을 창조하고

< 20 >

요소(要素)를 묶고, 가르고
우주(宇宙)를 아우른다.

< 21 >

순수한 지식으로 <우주의 모든 힘>을 얻는다.

< 22 >

<거대한 호수(湖水)>로 용해되어
<만트라의 근원>을 경험한다.

< 12 >
요가의 단계에는 매혹적인 경이(驚異)가

vismayo yoga-bhumikah
비스마요 요가-부미카

비스마야 : 매혹적인 경이(驚異)
요가-부미카 : 수행의 단계

　"요가 즉 수행(修行)에서, 요기가 **궁극의 실재**로 나아가는 그의 상승(上昇)에서, 기쁘고 놀라움으로 가득 찬 많은 계단(階段)이 있다."

　이제 잘 아는 대로, <**궁극의 실재(實在)**>를 향해 나아가는 데는 36 **탓트와**라는 여러 역(驛)이 있다. 거기의 높은 곳에서는……
　독일의 종교학자 루돌프 오토는, **궁극의 실재**를 향한 우리의 <궁극적 관심[ultimate concern]>인 종교(宗敎)를 이렇게 정의(定義)했다.

　"Mysterium tremendum et fascinans."
　"두렵고도 매혹적인 신비(神秘)."

　그것이 우리의 수행(修行)이다. **요가**다.

요가의 단계에는 매혹적인 경이(驚異)가

<깨달음>으로, 아니면 <신(神)>에게로 나아가는 여러 단계에는 "두렵고도 매혹적인" 경이(驚異)와 신비(神秘)가 기다리고 있다.

우리가 흔히, 쉽게 말하는 <초월적인 존재>, 즉 신(神)…… <그것이 나에게 나타나는 상황>을 혹시 생각해 보았는가?
[우리는 내심(內心) 그런 것은 나하고는 상관없는 일이라고 여기기 때문에, 쉽게 신(神)을 말한다.
사실, <신(神)에 관한 말>만 잔뜩 하고 있다.]

성경은 그것을 아주 잘 지적(指摘)하고 있다.
잘 아는 대로, 성경의 인물들이 [당연히 그리고 거의가] <혼자> 있을 때 <그 무엇>은 나타났으며, 그것은 곧 이런 말을 했다는 것이다.

"두려워 말라!" "무서워 말라!"

그만큼 겁나고 떨리는……

그러나 또 **매혹적(魅惑的)인** 무언가도 있다.

< 13 >

의지(意志)의 힘은 처녀(處女) 우마

iccha shaktir-uma kumari
잇차 샥티르-우마 쿠마리

잇차 : **의지(意志)**   샥티 : **힘(力)**, 에너지
우마 : <쉬바의 빛>, <여호와의 영광(榮光)>
쿠마리 : 처녀(處女), 소녀(少女)

"쉬바와 연합한 요기의 **의지의 힘**은 처녀(處女) 우마 즉 <쉬바의 광휘(光輝)>다."

<바이라바 의식>을 실현한 요기의 **의지(意志)**는 스와탄트리야-샥티다. 그것은 창조자의 <**절대적인 의지력(意志力)**>이다. 그것은 세상을 현현시키고 또 철회시킬 수 있다.
[우리는 그런 것을 잘 알 수가 없다. <나 나름의 상상과 생각>이야 할 수도 있겠지만……]

쿠마리는 처녀(處女)다.

처녀(處女)는……

["여(女)에 머무른다.", "여(女)에 자리 잡는다.", "여(女)로 산다."가 한자어(漢字語) 처녀(處女)라는 말의 뜻인 것 같다.]

혹 처녀가 왜 매력적(魅力的)인지 생각해 본 적이 있는가?

처녀의 가슴과 또 아랫배…… **그것이 왜 그렇게 매혹적(魅惑的)인가?**

[저 <쉬바의 링가>를 가진 이라면 알 것이다.]

우파니샤드는 말한다.

"그 **처녀(處女)**의
성기(性器)는 제단이요,
그 음모(陰毛)는 불살개 지푸라기,
가운데 붉은 음핵(陰核)은 **아그니** 여신,
가장자리 음순(陰脣)은 **소마**를 짜내는 것이라."

소마는 <신(神)들이 마시는 술(酒)>이다. 그것은 우리를 간단히 황홀(恍惚)에 젖게 한다.

☯   ☯   ☯

또 **비갸나 바이라바**는 말한다.

유방(乳房)에 집중하라.

여성의 몸에서 창조성(創造性) 그 전체는 유방에 있다.

여성들이 유방에 집중한다면, 그들은 아주 행복하다고 느낄 것이다. 감미로운 무엇이 그들의 존재 모든 곳으로 퍼져나가고, 몸은 중력(重力)을 잃고, 어떤 가벼움을 느낄 것이다.

그런 집중(集中)으로 많은 것이 변할 것이다. 더 <어머니답게> 되고 모성애(母性愛)가 넘칠 것이다. 실제의 어머니는 안 될지도 모르지만, 모든 사람을 대하는 태도가 더 어머니답게 되고, 많은 자비와 사랑이 일어날 것이다.

오직 **유방에 집중하라.** 그것과 하나가 되라.

그러면 많은 현상이 일어난다. 여성의 **창조성**은 **이제 아기라는 <새로운 생명>으로 섬세한 형태를 띠게 될 것이다. 우리 안에서 잉태되기를 기다리는 영성(靈性)이라는 아기 말이다.**

처녀(處女)는 또 "Virgin" 즉 동정녀(童貞女)다. 그런 의미에서, 저 <자유의 땅>, **의식**(意識)이라는 <내면의 하늘>은 <영원(永遠)한 처녀지(處女地)>다.

프라카샤 말이다. [결코 더렵혀지지 않는다. "불구(不垢)"다.]

그러나 무엇보다 처녀(處女)의 매력(魅力)은 그 잉태(孕胎)할 수 있는 잠재력(潛在力)에 있다.

그 힘(力)은 모든 남자에게는 불가능한 것이고, 또 모든 여자에게 가능한 것도 아니다. **탄트라**는 그것을 **비마르샤**라고 한다.

의지(意志)의 힘은 처녀(處女) 우마

여기서 **처녀(處女) 우마**는 저 <**쉬바의 빛**>이고, <**여호와의 영광(榮光)**>이다. 우주의 <창조와 유지, 그리고 소멸의 놀이>를 하는 <스와탄트리야-샥티>, 즉 <**절대 자유의 의지력(意志力)**>인 그녀 말이다.

우리는 그런 의지력을 통해 창조성을 발휘하여, <놀라운 변화(變化)>를 일으킬 수 있다.
[우리의 <**굳어진 사고(思考)**>나 <**고정 관념들**>, <생각의 관성(慣性)> **같은 것들에 이제는 더 이상 매이지 않는 그런 변화** 말이다. 그리고 그것이 곧 천지개벽(天地開闢)이다.]

< 14 >

만물(萬物)이 몸이다.

drishyam shariram
드리샴 샤리람

드리샤 : 모든 현상(現象), 우주(宇宙), 세계
샤리라 : 몸

"그런 <의지(意志)의 힘(力)>이 있는 사람에게는, <외부든 내적이든 모든 대상(對象)의 현상>은 그의 몸과 같다."

그런 이에게는, <대상으로 관찰되는 모든 것>이 **의식(意識)**의 한 표현일 뿐이다. 그에게는 우주가 곧 그 자신이다. "나는 이것이다."이다.
[그의 몸이 **깨어 있을 때**는 육체로, **꿈꿀 때**는 마음으로, **잠잘 때**는 프라나로, **투리야**에서는 순야 즉 **공(空)**[<**텅 빈 것**>]으로 보일지라도 말이다.]

비갸나 바이라바는 말한다.

"파도(波濤)가 **물**로부터 일어나고, 화염(火焰)이 **불**로부터 일어나고, 광선(光線)이 <**빛**[광원(光源)]>으로부터 일어나듯이……

그렇게 <우주(宇宙)의 물결>은, 즉 <우주의 모든 양상(樣相)>은 참으로 **나** 곧 **바이라바**로부터 일어난다."

우주는 우리와 더불어 파도친다.

우리는 우주라는 이 대양에서 일어나는 파도다. 이런 느낌이 깊도록 하라. **내가 <들이마시는 숨>을 하나의 파도가 일어나는 것으로 느껴라.**

<지금 내 안으로 들어오고 있는 이 숨>은 한순간 이전에는 <다른 누군가의 숨>이었고, 그리고 <지금 나를 떠나고 있는 이 숨>은 이다음 순간에는 <또 다른 누군가의 숨>이 될 것이다.

내가 숨을 쉰다는 것은 <생명의 바다>에서 파도치는 일이다. 우리는 분리되어 있는 것이 아니다. 깊이 들어가면 우리는 <하나>다.

선(禪)의 유명한 이야기다. 바다의 어린 물고기가 늙은 물고기에게 물었다. "모두들 '바다, 바다'라고 하는데 그 바다라는 것이 도대체 무엇이죠? 그것이 어디에 있습니까?" 늙은 물고기가 조용히 말했다.

"네가 그 속에 살고 있다. 바다는 네 속에도 있고, 네 밖에도 있다. 너는 바다에서 태어나 바다에서 죽는다. 바다는 온통 너를 감싸고 있지."

우리는 있지 않다. 우주가 있다. 그것이 우리를 통해서 파도치고 있다. **그런 것을 느껴라.**

❧   ❧   ❧

만물(萬物)이 몸이다.

우주가 몸이라고 여기는 사람, 그 <**의지의 힘**>이 개발된 사람에게는 자신의 몸을 포함하는 대상의 세계 전체가 **의식**의 한 형태로 보인다.

3장 30절에서도 말하듯이
그의 힘의 현현(顯現)이 우주다.

그에게 <인지(認知) 가능한 모든 현상>은 몸으로 보인다. 이것은 절대로 불가능하지 않다.
그 방법은……

< 15 >
가슴에서 마음이 녹아
세상과 공(空)으로 보인다.

hridaye chitta-samghattad
drishya-svapa-darshanam
흐리다예 칫타-삼갓탓
드리샤-스와파-다르샤남

흐리다야 : 가슴, 심장, 의식(意識)의 핵심
칫타 : 마음, <개체 의식>
삼가타 : 합일, 집중, 만나다
드리샤 : 모든 현상(現象), 우주, 세계
스와파 : 공(空)   다르샤남 : 나타남

  "마음이 <의식(意識)의 핵심>과 합일할 때, 모든 현상과 공(空)조차도 **의식**의 한 형태로 나타난다."

  흐리다야는 가슴 즉 <의식의 빛>을 의미하고,

  스와파는 공(空) 즉 <대상(對象)의 모든 현상이 결여(缺如)된 것, 그 자체로는 실체가 없는 것>을 말한다. 반야심경의 저 유명한 "色卽是空 空卽是色 (색즉시공 공즉시색)" 말이다.

우리의 마음이 <중앙의, 근본적인 **의식**(意識)>과 연합한다면, **칫타** 즉 우리의 마음이 <**실재**(實在)의 핵심>인 **칫** 즉 **우주 의식**과 합일한다면……

<대상의 세계>는 단지 우주 의식의 표현인 것을 저절로 알 수 있다. 그때 <개체 의식>, 즉 우리의 마음은 **우주 의식**으로 흡수되고, 다양성의 감각도 사라진다.

☯   ☯   ☯

복을 받은 자여!
감각을 가슴으로 흡수하라.

눈을 감고, 어떤 것을 만져 보라. 연인을 만지고, 나무나 꽃을 어루만져라. 흙을 만져라. 눈을 감고, <나의 가슴에서 흙으로 가고, 또 흙에서 나의 가슴으로 오는 어떤 교통(交通)>을 느껴라.
나의 손은 단지 <흙을 만지기 위해 뻗어 나온 내 가슴>이라고 느껴라. 만지는 그 느낌이 이 가슴과 관련되도록 하라.

또 음악을 듣고 있다. 그것을 머리로 듣지 말라. 가슴으로 들어라. 음악이 여기 가슴으로 들어오는 것을 느껴라. 이 가슴이 그 조화로움으로 진동하고 있다. 모든 감각을 가슴으로 흡수하고, 또 가슴으로 용해(溶解)되는 것을 절실히 느껴라.

그것은 우리에게 어떤 중심(中心)을 준다. 일단 **우리가 이 <가슴 중추>를 알면**……

쉬바는 말한다. <가슴 지향적인 사람들>에게, <느낄 수 있는 사람들>에게…… 그들은 실제로, <이 시대>에 **복을 받은 사람들**이다.

☯   ☯   ☯

우주 의식을 경험한 사람에게는, 주체 즉 <나>와 <대상> 사이, 그리고 <대상>과 <대상> 사이에 어떤 다름도 없다.

가슴에서 마음이 녹아
세상과 공(空)으로 보인다.

그 **우주 의식**을 얻는 방법은 다른 것도 있다.

< 16 >
순수한 존재를 알아채는 것으로
짐승의 힘에서 벗어난다.

shuddha-tattva-sandhanad va
a-pashu-shaktih
슛다-탓트와-산다낫 와
아-파슈-샥티

슛다-탓트와 : <순수한 존재>, 공(空)
산다나 : <겨냥하는 일>, <알아채는 일>
아-파슈-샥티 : 짐승의 힘에서 벗어나다
파슈 : 짐승   와 : 혹은

　"혹은, <순수한 탓트와>인 <파라마 쉬바> 혹은
공(空), 의식(意識)을 <끊임없이 겨냥하는 것으로>,
끊임없이 알아채는 것으로 그는 <제한된 개아>를
묶는 힘에서 - 마치 짐승을 묶는 고삐나 목줄에서
벗어나는 것처럼 - 벗어난다."

　　　　☯　　　　　　☯　　　　　　☯

우주를 현존으로 느껴라.

"<확고한 마음으로> 존재계(存在界)를 명상하라. 몸과 우주(宇宙)도 **의식(意識)** 이외에는 아무것도 아닌 것으로……

그때, **우주 의식**이 일어난다."

많은 것으로 해볼 수 있다. 어떤 나무 가까이에 앉아서 그 껍질을 만져라. **눈을 감고 그 나무에서 일어나고 있는 생명(生命)을 느껴라.** 그 <미세하고 미묘한 떨림>을 느껴 보라.

주말에 한적한 강가로 가라. 거기에서 예쁘다고 생각되는 작은 돌 하나를 주워라. 그 돌을 <손으로 꼬옥 쥐고 쓰다듬고, 뺨에 대고, 혀로 핥고, 냄새를 맡고, 가슴에 대고> 느끼려고 해보라. 가능한 모든 방법을 가지고, 그 돌을 느끼려고 해보라. 한 시간 동안 그렇게 해보라.

가만히 누군가의 손을 다정(多情)하게 잡아 보라. 눈을 감고 그 사람의 생명을 느껴 보라. 그 생명을 느껴라. 그 생명이 내 쪽으로 흐르도록 허용하라. 아니면 나 자신의 생명을 느껴라. 그리고 그것이 그 사람 쪽으로 흐르도록 허용하라.

우주를 현존으로 느껴라.

우리의 <민감(敏感)함>은 성장해야[만] 한다!

나뭇잎과 꽃, 돌과 바위를 보라. 조만간 우리는 그들을 느낄 것이다. 그냥 은근과 끈기로 기다려라. 충분한 시간을 주라. 절대로 서두르지 말라. 서두를 때는 그 어떤 것도 드러나지 않는다.

그러면 우리는 <항상 거기에 있었지만, 지금까지 결코 알지 못했던, **결코 알아채지 못했던** 새로운 그 무엇>을 <재(再) 발견>할 것이다. **현존(現存)**, 즉 **의식**(意識)이라는 것을 말이다.

☯   ☯   ☯

순수한 존재를 알아채는 것으로
짐승의 힘에서 벗어난다.

수행자는 모든 것의 근원인 <파라마 쉬바>까지 추적할 수 있다. **이제 <그것>을 끊임없이 겨냥하여 알아채고 또 느낄 수 있다면**, 우리는 나를 묶었던 그 족쇄(足鎖)에서 완전히 벗어난다.

이 우주는 단지 **의식**의 한 형태일 뿐이라는 것을 깨달은 사람은······

< 17 >
알아채는 일이 <자기 지식>

vitarka atma-jnanam
비타르카 아트마-갸남

비타르카 : 알아채는 일
아트마-갸나 : 자아의 지식

"'나는 **쉬바**다.' 혹은 '나는 **의식**(意識)이다.'라며,
꾸준히 **알아채는 일이 <자기 지식>을 이룬다**."

16절은 수행자가 우주를 그 <궁극의 근원>까지
추적하여, 그것을 그의 현현(顯現), 아니, **쉬바** 자신
으로 여기라고 간곡히 권유한다.
이제 이 경문은 수행자가 그의 자아(自我)를 바로
그 **쉬바**로 여기라고 권고한다.
16절은 <대상(對象)의 세계>가 그 본질에서 **쉬바**
라고 가르치고, 이 경문은 이제 주체(主體) 즉 <나>
또한 **쉬바**라고 가르친다.

"내가 곧 **쉬바**다!" 소함, 소함, 소함……

아니면,

"나는 **의식**(意識)이다!" 즉 "**의식**(意識)**이 나다!**"
"**차이탄얌 아트마!**"

그러나 이것은 **타르카** 즉 <논리적인 이성(理性)>
으로는 깨달을 수 없다. **비칼파** 즉 <사고(思考)의
구성물>으로는, <생각>만으로는 안 된다!
[<그렇게 생각하자!>고 속으로 굳은 결심(決心)을
한다고 될 일이 아니다.]

비.타르카 즉 <**알아채는 것**>으로 가능하다.
그때, 모든 **타르카**는 <내가 곧 **쉬바**>라는 확신,
그 저항할 수 없는 확신(確信)으로 사라진다.

☯   ☯   ☯

비갸나 바이라바는 말한다.

믿어라.
전지(全知)**하고, 전능**(全能)**하다고.**

"'지고의 신은 전지, 전능하며, 편재(遍在)하다.
나는 그 **쉬바**와 똑같은 본성을 가지고 있다.
참으로, **내가 곧 그다.**'
그런 확신의 명상으로 그는 **쉬바**가 된다."

126

이것은 <내면의 힘(力)>에 관한 방편으로, 그것은 아주 미세한 씨앗과 같은 것이다.

내가 **전지하다**고, 모든 것을 알고 있다고 믿어라. 내가 **전능하다**고, 모든 것을 할 수 있다고 믿어라. 그러나 어떻게 그런 것을 믿을 수 있겠는가? 그런 것은 불가능하다. 그런 것은 신에게나 가능하다.

믿음은 <내가 어떤 것을 사실로 알 때> 강력하게 된다. 그것이 **진실인지 아닌지는 그 초점이 아니다.** 잘 아는 대로, 플라세보[가약(假藥)]를 보라. 의사가 환자에게 <약이 아닌 것>을 주지만, 환자는 약을 먹었다고 믿는다. 환자뿐만 아니라 의사도 그렇게 믿는다. 그 또한 모를 수 있기 때문이다. 이제 그런 연구에서 30%의 환자는 즉시 치료된다고 한다.

눈을 감고 앉아서, 나는 몸이 아니라고 생각하라. 그렇게 생각할 뿐만 아니라, 그렇게 느껴라. **눈을 감고 앉으면, 어느 정도의 거리가 생긴다.** 몸은 저 멀리로 물러나고, 나는 계속해서 더 안쪽으로 움직인다. 곧 우리는 자신이 몸이 아닌 것을 느낄 수 있다. **자신이 몸이 아닌 것을 <느낄> 수 있으면,** 그때 우리는 내가 편재(遍在)하고 전지전능하다고 믿을 수 있다.

그리고 이때, <전지하다>는 것은 소위 지식과는 아무 관련이 없다. **그것은 어떤 느낌이다.** 이것을 명확하게 이해해야 한다. 동양의 현자들이 말하는 **전지**는 <아주 의식적이고, 충분히 알아채고, 깨어 있는 것>을 말한다. 단지 <아는> 그 순수한 현상, 바로 그 특성을 말한다.

우리는 <그런 느낌을 향해, 그런 느낌의 근원을 향해> 자신 속으로 깊이 파고 들어가야 할 것이다.

☯   ☯   ☯

알아채는 일이 <자기 지식>

<자기 지식>은 물론 <**참나의 지식**>(3장 28절)이다.

이런 사람에게는……

< 18 >
세상을 아는 즐거움이 사마디의 기쁨

loka-anandah samadhi-sukham
로카-아난다 사마디-수캄

로카 : 세상(世上), <주체와 대상>
아난다 : 아난다, 기쁨, 즐거움, 희열
사마디 : 사마디, 삼매(三昧)   수카 : 기쁨, 행복

"요기가, **세상에서** [주체와 대상 모두의 견지에서 <아는 자>로 그의 본성 안에 거하는 것을] **느끼는 즐거움은 그의 사마디의 기쁨이다.**"

사람이 어떤 사물을 <알> 때, 그는 외향적이다. 바깥의 환경에 완전히 포함되어 있다. 그러나 만약 <지식(知識)>의 그 모든 조각에서 내면을 바라보면, 그는 **"<내>가 안다."는 느낌을 가질 것이다.**

그 자아(自我) 혹은 <나>가 홀로 그 지식을 가능하게 만든다. **그 느낌**에서, 그는 곧 **"내가 있다."**는 <**나-의식**>의 지속적인 기쁨을 경험할 것이다.

비갸나 바이라바는 말한다.

감각으로 생생하게 알아챌 때, 알라.

이것은 **사마디**의 항존(恒存)하는 기쁨이다.

그리고 그 기쁨은 그에게만 한정되지 않는다.

그는 그것을 <**사마디** 상태에 있는 그를 관찰하고 돌보고 있는> 사람들에게로 방사(放射)한다. 그의 기쁨은 전염성(傳染性)이 있다.

[<눈 있는 자>는 보고, <귀 있는 자>는 듣고, <느낄 수 있는 자>는 느낄지어다.]

세상을 아는 즐거움이 사마디의 기쁨

세상을 아는 즐거움이……

우리가 <[내가] **안다는**> 그 느낌을 가질 때, 이 세상은 <죄악(罪惡)된 세상>이 아니고, 우리의 삶은 고해(苦海)가 아니다.

고난(苦難) 당한 것이 내게 유익(有益)이라.
이로 말미암아
내가 주(主)의 율례들을 <배우게> 되었나이다.

우리가 <세상>을 **알려고** 하고, 또 <인간 현상>을 배우려고 한다면……

세상을 아는 즐거움이 사마디의 기쁨

여기서 **사마디**는 초월(超越)이나 또 흡수(吸收)가 아니다. <아는 자>로서의 끊임없이 **알아채는 일**을 유지하는 것을 말한다.

"**나**" 즉 "**있는** [이] **무엇**"이 모든 지식의 주체인 것을 <알아채는 일> 말이다.

그리고 <세상>과 <인간 현상>을 **알아채는 일**이 기쁨이고, **아난다**이고, 극락(極樂)이고, 천국이다.

그 모든 경험의 주체인 "**그**"의 <알아채는 일>은 끊이지 않고 계속된다. 그런 그는……

< 19 >
의지(意志)의 힘으로 몸을 창조하고

shakti-sandhane sharirotpattih
샥티-산다네 샤리롯팟티

샥티 : 힘(力), <**의지(意志)의 힘**[잇차 샥티]>
산다네 : 합일(合一)   샤리롯팟티 : 몸의 창조

　"요기가 집중으로 **잇차 샥티**와 **완전히 합일할 때**, 그때 그는 그가 바라는 대로 **어떤 종류의 몸을 창조할 수 있는 힘을 얻는다.**"

　크세마라자는 스판다카리카의 한 절을 인용하여 그가 어떻게 그렇게 할 수 있는지를 말한다.

　<깨어 있을 때>, 그는 어떤 원하는 대상을 얻기 위해 신성(神性)에게 기도(祈禱)해야 한다.
　후에 그가 **사마디**로, 즉 <마음이 완전히 흡수된 상태>로 들어갔을 때, 그의 날숨과 들숨은 기능을 멈춘다.
　그러나 그가 **사마디**에서 돌아올 때, 다시 <깨어 있는 때>가 될 때, 그의 날숨과 들숨은 다시 기능한다.

그리고 그는 바라던 것을 <신성(神性)의 힘>에 의해 이루어진 것을 발견한다. 그 <신성의 힘>은 그가 기도했던 것이고, 또 그것과 함께 그 자신이 연합되었던 것이다.

칼릴 지브란의 저 유명한 시(詩) 한 구절……

"잠시, 바람 위로 한 순간 휴식(休息)한 뒤
또 다른 여인(女人)이 나를 낳으리라."

그는 그 책을 『예언자(豫言者)』라고 불렀다.

의지(意志)의 힘으로 몸을 창조하고

만약 그가 꿈에서 어떤 굉장한 것을 경험하기를 원하면, 그것은 다시 그가 접(接)하고 있는 <신성의 힘>에 의해 이루게 된다.

잇차 샥티와 합일하는 것으로, 우리는 <우리가 바라는 **몸의 종류**>를 창조할 수 있다.

그리고 **잇차 샥티**와 합일하는 것으로, 다른 힘도 생긴다.

< 20 >

요소(要素)를 묶고, 가르고
우주(宇宙)를 아우른다.

bhuta-sandhana bhuta-prithaktva
vishuva-samghattah
부타-산다나 부타-프리탁트바
비슈바-삼갓타

부타 : 요소, 존재물(存在物)[몸, 프라나 등]
산다나 : 함께 묶다
프리탁트바 : 분리(分離)하다, 가르다
비슈바 : 우주, 만물(萬物)
삼갓타 : 모으다, 연합하다

"요기가 집중으로 **잇차 샥티**와 완전히 합일할 때, 존재계의 모든 요소들을 연결하는 능력과 분리하는 능력이 생기고, <시간과 공간에 의해> 없어진 것들을 다시 가져오는 능력도 생긴다."

앞 절에서 <신성의 힘>과 하나가 된 사람은, 그 **의지(意志)의 힘으로** 자신이 원하는 **몸을 창조하는** 힘을 얻는다고 했다.

이 경문은 더 나아가, 그 몸의 성장을 위해 어떤 요소들을 함께 묶고, 몸이나 대상으로부터 요소를 분리하는 힘과, <시공간(時空間)의 제약으로> 멀리 제거된 모든 대상을 의식으로 되가져오는 힘(力)을 얻는다고 한다.

몸에는 여러 가지가 있다는 것을 알 것이고…… 아니, 잘 모를지도 모른다. <어떤 말>을 하고 있는 사람의 **<그 말로 나타내려는 그** [미묘하고 미세한] **의미(意味)>를 잘 알지 못하고는** 말이다.

별로 내키지 않지만, 필자의 <지나간 이야기>를 하나 하려고 한다. 또 재미도 없는 것이다.

필자가 기독교에 몸을 담고 있으면서, <은혜를 받았던> 시절이다. 당시 부친은 살아계셨고, 우리는 가끔 서로의 <신앙 생활>을 말하곤 했다.
부친은 <교회를 다니는 정도>의 분은 아니었고, <예수를 믿는, 아니면 믿으려는 수준>의 분이었다. 그래도 잘 알다시피, 한국 기독교도들의 <생각의 그 완고함>은 우리가 익히 아는 것이다. 나 자신도 그랬을 것이니까……
또 그것이 기독교도들만의 문제이겠는가? 우리 인간의 <마음>이라는 것이 그런 것인데……

하여튼, <어떤 주제(主題)의 말[의 의미]>에 막혀, 내가 물었다.

"아버지, 아브라함은 죽었습니까? 살았습니까?"

부친이 의아(疑訝)한 듯 대답했다.

"야야! 니가 정신이 있나? [당연히 죽었지.]"

교회에서는, 아브라함이 전설의 인물이 아니라면, 대략 B.C. 2000년경에 살았던 사람으로 가르친다. 그러니 약 4000년 전 사람이다. 그러니 <죽었다>고 말하는 것은 틀린 것이 아니다. [또, 우리는 보통, 그렇게 말하고, 그렇게 생각한다. 그런 것을 몰라서 하는 말이 아니다.]

예수는 그렇게 가르치지 않았다. 성경은, 이렇게 가르쳤다고 기록하고 있다.

"너희가 모세의 책(冊) 중 가시나무 떨기에 관한 글에 하나님께서 모세에게 이르시되,
'나는 <아브라함의 하나님>이요, 이삭의 하나님이요, 야곱의 하나님이로라.' 하신 말씀을 읽어보지 못하였느냐?
하나님은 죽은 자의 하나님이 아니요, <산 자의 하나님>이시라.

하나님에게는 모든 사람이 살았느니라."

<교회를 다니는 정도>의 수준을 넘고, <예수를 믿는> 수준을 넘어가라. 현대 미국의 여(女) 신학자 일레인 페이절스는 <도마 복음>을 해설한 자신의 책 제목을 『믿음을 넘어서』라고 했다.

그리고 <하나님의 자녀>로 살아가라. 하나님은 신(神)이다. 그러나 기독교도들 대부분은 <인간의 자녀>로 살아가는 것 같다. <인간의 자녀>는 인간, <신(神)의 자녀>는 신(神)!

그러면 모든 사람이 살아 있다.

☯   ☯   ☯

요소(要素)를 묶고, 가르고
우주(宇宙)를 아우른다.

이 경문은 <우리의 성장을 위해>, 어떤 것들을 함께 묶는 통합력(統合力)과 또 어떤 것들을 가르고 분리하는 분석력(分析力)…… 그리고 이 우주라는 <시간, 공간의 제약 때문에> 멀리 제거되었던 모든 대상을 의식으로 가져오는 힘이 생긴다고 한다.

다시, 예수의 말이 생각난다.

"그러므로 천국의 제자(弟子)된 서기관(書記官)마다 마치 <새것>과 <옛것>을 그 곳간(庫間)에서 내어 오는 주인(主人)과 같으니라."

천국의 제자(弟子)된 서기관(書記官), 즉 <영성 훈련을 한 저자(著者)들>은 – 이 책 쉬바 수트라의 저자 **바수굽타**를 비롯해, **탄트라**의 그 많은 방편을 일구어낸 사람들, 우리가 익히 아는 노장(老莊)과 승림(僧林)의 선장(禪匠)들, 신비주의자라고 부르는 유럽의 신비가들……

정경(正經)[Canon]이든 아니든 <성경을 짓고>, 재(再)-해석으로 <성경을 드러낸 이>들, 그 수많은 불서(佛書)의 저자들은 – 오늘도 그 곳간에서, 즉 꿈과 환상과 무의식(無意識)[**알라야-비갸나**, 아뢰야 식(阿賴耶識)]에서 – <옛것>과 <새것>을 내어 와 분석하고 통합하며……

동서고금(東西古今)으로 종횡무진(縱橫無盡)하며, **우주(宇宙)를 아우른다.**

그러나 <그런 힘>을 원하지 않고, <**우주 의식**의 형태>를 원할 때……

< 21 >

순수한 지식으로 <우주의 모든 힘>을 얻는다.

shuddha-vidyodayac chakre-shatva siddhih
숫다-비됴다약 차크레-샤트와 싯디

숫다-비디아-아다약 : <순수한 지식>의 나타남
차크레-샤트와 : <샥티 전체>를 지배
싯디 : 성취(成就), 얻다

  "숫다-비디아 즉 <순수한 지식(知識)>이 나타나, 샥티 즉 <우주의 모든 힘>을 지배하는 성취가."

  여기서 말하는 숫다-비디아는 마야 탓트와 위에 있는 숫다-비디아 탓트와가 아니다.
  여기의 숫다-비디아는 <모든 것이 나>로 보이는 <지고의 의식>을 말한다. 운마나 즉 무심(無心)을 말한다.

순수한 지식으로 <우주의 모든 힘>을 얻는다.

  14절에서 20절까지는, 잇차 샥티 즉 <신성의 힘>과 하나가 된 사람이 얻는 어떤 <굉장한 힘>을 말하고 있다. 그러나 그것은 어쨌든 제한된 것이다.

21절은 <우주의 모든 힘>을 얻는다고 말한다. 이 힘을 얻으면, 요기는 <우주 전체가 그 자신>이라는 것을 한 번에 깨닫는다.

14절 **만물(萬物)이 몸이다**는 요기가 그 자신을 만물(萬物)로 느끼는 것을 보여 준다.

그의 의식은 "아함 이담" 즉 "나는 이것이다."의 형태다. <모든 사물이 분리된 것>으로 말이다.

21절에서는 요기가 **우주 의식**을 얻었을 때, 그의 의식은 "아함-에와 사르왐" 즉 "나 자신이 [그냥] 전부(全部)다."의 형태다.

순수한 지식으로 <우주의 모든 힘>을 얻는다.

<**순수한 지식**>으로 직역(直譯)한 숫다-비디아는 운마나 즉 **무심**(無心)이라고 했다.

혹 무심이라는 것이 나에게 일어난다면, 그것이 어떤 상태인지 생각해 보았는가?

[우리는 <마음이 없는 상태>에 별 관심(關心)이 없기 때문에, 무심은 <마음이 없는 상태>라고 그냥 무심하게 말한다.]

마음이 무엇인가?

그것을 알면 무심을 알게 될지도 모른다. 그것이 그렇게도 **붓다**가 그것을 가르치려고 한 것이니까.

佛語心爲宗(불어심위종)
無門爲法門(무문위법문)

붓다가 가르친 핵심은 <마음>이다.
그러나 그곳에 가는 문(門)은 없다.

마음[心] 혹은 **무심**(無心)은 붓다의 세계에서는 다른 것이 아니다. [<니르바나가 곧 세상>이라는 의미에서 하는 말이 아니다.]

<마음>이라는 말이 <**의식**(意識)이라는 하늘>을 분명하게 의미할 때도 있었다. 그러나 <생각>과 <느낌> 등의 의미가 <마음>이라는 말에 겹치면서 – 말의 의미가 바뀌면서 – 그 <마음>은 이제 그 반대의 것인 <무심>이 되어야 했다.

[언어(言語), 즉 말이라는 것의 임시성(臨時性)과 그 가변성(可變性) 말이다. 그래서 더욱 **불립문자**(不立文字)이고.]

무문 선사는 <그곳으로 가는 문>, 즉 <진리의 문>은 없다고 아주 으름장을 놓는다. 협박을 한다. 그래야 <보통의 마음들>은 그것을 찾으려고 눈을 부릅뜰 테니까 말이다.

사실, <그곳으로 가는 문>은 **없는 데가 없다.**
"쳐다보면 전부 하늘이다." 그러니 차라리 **없다**고
무문(無門)이라고 하는 것이 나을지도……

무문관, Gateless gate, <문 없는 문>이다. 마치
저 **크리야**, 즉 무위지위(無爲之爲)처럼, 무문지문
(無門之門)이다.

순수한 지식으로 <우주의 모든 힘>을 얻는다.

<순수한 지식>이 무엇인가?

잘 아는 대로, 우리의 지식(知識)은 <대상을 아는
것>을 말한다. 그런데 <순수한 지식>이라니? 우선
<순수한 지식>은 **참 지식**을 말한다.

도마복음은 말한다.

"모든 것을 아는 자라도 그 자신을 알지 못하면
 아무 것도 알지 못하는 것이니라."

참 지식은 나 자신을 아는 것을 말한다. <아는
자>를 아는 것을 말한다. 그때 그것은 "안다."라고
하기 보다는 "느낀다." 혹은 "경험한다."라고 하는
것이 더 낫다.

하여튼, 저 **심(心)** 혹은 **무심(無心)**……

<알려지는 대상>이 없을 때, 우리의 **앎**은, <**아는 일**>은, **지식**은 <텅 비게> 된다. 그냥 <아는 자>만 있다. 그것이 **무심(無心)**이다.

무심으로 <우주의 모든 힘>을 얻는다.

<마음이 없는 사람>이, 즉 **<생각이 없는 사람>**, <지식이 없이, 텅 빈 사람>**이** <우주의 모든 힘을 얻었다>는 **생각이 있겠는가?**

진리(眞理) 혹은 **실재(實在)**를 언어로 나타내는 데는 <긍정의 용어>와 <부정의 용어>를 쓸 수밖에 없다는 것은 잘 아는 일이다.
탄트라는, 힌두교와 기독교처럼, 그냥 <긍정의 용어>를 쓸 뿐이다.

순수한 지식으로 <우주의 모든 힘>을 얻는다.

경문은 <우리가 겪어야 할 최고의 경험>은 단지 자아실현(自我實現) 즉 **아트마-비압티**만이 아니라고 한다. <깨닫는 것> 그 이상이어야 한다.

그것을 **카시미르** 쉐이비즘에서는 **쉬바-비압티**,
즉 <**쉬바**와의 동일시(同一視) 혹은 **쉬바**와 동일성
(同一性)을 느끼는 것>이라고 한다.

<우주(宇宙)를 **쉬바**의 현현(顯現)으로 경험하는
상태> 말이다.

그러나 그가 <그런 굉장한 힘>이 아니라, 내면의
고요한 빛만 원할 때, 그때 그는……

< 22 >
<거대한 호수(湖水)>로 용해되어
<만트라의 근원>을 경험한다.

maha-hrada anusandhanan
mantra-virya anubhavah
마하-흐라다 아누산다난
만트라-비랴 아누바와

마하-흐라다 : <거대(巨大)한 호수>
아누산다나 : 합일(合一)
만트라-비랴 아누바와 : <만트라의 근원>을 경험

   "신성의 힘의 무한한 저장고인 **<거대한 호수>와
연합함으로**, 모든 **<만트라의 근원>**인 **<나-의식>**을
경험한다."

<거대한 호수(湖水)>로 용해되어
<만트라의 근원>을 경험한다.

   신성의 힘, 파라 샥티는, 그것의 깊이 때문에,
호수(湖水)처럼 투명하다.
   수행자가 <그것과 연합(聯合)할 때>, <꾸준하게
그것과 동일성(同一性)을 가질 때>, 그는 저 엄청난

<만트라의 잠재력(潛在力)>을 경험한다.

**<거대한 호수(湖水)>로 용해되어
<만트라의 근원>을 경험한다.**

그런 경험을 가지는 것은 <쉬바의 **나-의식**>의 고동(鼓動)을 <수행자의 가장 내밀(內密)한 자아>로 느끼는 것이다.

이 **나-의식**은 모든 **만트라**가 일어나고 생성되는 근원(根源)이다. 모든 **만트라**의 힘은 그것으로부터 유래한다.

제 4 장

우파야 소고(小考) Ⅰ

<우파야 소고(小考)>라며
거창한 이름을 달았지만……

물론 <학술 논문>이나 그런 것은 아니고
또 그런 것에는 취미(趣味)도 흥미(興味)도 관심도
없다.

[필자는 그런 고약한 취미를 가졌고
또 재미도 없는 사람이다. 스스로 보기에도.]

그냥 77절 중 이런저런 절에
그 내용을 갈라 넣을 수도 있겠지만……

샴바보파야, <은총(恩寵)의 방편>은 그 이름처럼 <깨달음>을 위해 <어떤 특별한 노력이나 훈련>을 요구하지 않는다.

마음에 <무엇을 받아들이지도 거부하지도 않을 때>, <생각이 없이, 단순히 알아채고만 있을 때>, 그때 거기에는 우리의 <**참나**의 경험(經驗)>이라는 갑작스런 **섬광**(閃光)이 있다. 이것은 <직접적이고, 즉각적인 깨달음>이다.

[이것을 선가(禪家)에서는 "돈오(頓悟)"라고 한다. <시간성과 공간성을 벗어난 사건> 말이다.]

샥토파야와 **아나보파야**는 <어떤 단계를 통해> 깨달음에 이르게 된다. **아나보파야**는 **샥토파야**로, **샥토파야**는 **샴바보파야**로 이끈다. 궁극의 목표는 <즉각적인 깨달음>이다. 그것은 <**이해**(理解) 혹은 **깨달음**의 번쩍임>이다. **샥토파야**와 **아나보파야**는 **샴바보파야**의 중간적인 방법이다.

4절 "**지식의 근본은 마트리카**"에서 말한 대로, <은총의 수행>은 **마트리카**를 잘 이해하는 것으로 도움을 받을 수 있다. **마트리카**의 적절한 적용은 이제 **샥토파야**에서 논의할 것이다.

샴바보파야는 **카시미르** 전통에만 있는 특별한 것이다. [은혜, 은총이라는 용어는 기독교에서 많이 쓴다. 무슨 의미로 쓰는지는 모르겠지만, 대개는 <공짜> 정도인 것 같다. 공짜를 좋아하는 한국인의 입맛에도 맞고……] **베단타**와 **파탄잘리 요가**에서는 그런 수행이 없다.

베단타의 **갸나 요가**는 샥토파야에 <어느 정도> 해당하고, 또 **파탄잘리 요가**는 **아나보파야**의 <한 부분>을 차지한다. 그렇지만 이 <은총의 수행>은 이들에게는 알려지지 않은 것이다.

아누파야는, 실제로, 가장 성숙한 **샴바보파야**다. **샴바보파야**와 **아누파야**를 잘 나타내는 **사하자**라는 용어가 있다. **사하자**는 <갑작스레, 예상하지 못한 상태에서 일어나는 것>을 말한다. 그것은 <신성의 [내재의] 경험>이 바로 **섬광**(閃光)인 것을 아름답게 표현한 말이다.

상키야와 **베단타**의 목표는, 둘 다 **묵티** 즉 해방 이다. 묵티라는 말을 그들은 **카이발야**, 즉 <완전한 고립(孤立)>으로 본다.

상키야가 **프라크리티**로부터 고립에 목표를 두는 반면, **베단타**는 **마야**로부터의 고립에 목표를 두는 것이 차이다.

또 상키야의 푸루샤가 <삿-칫[존재-의식]>인데 비해서, 베단타의 아트마는 <삿-칫-아난다[존재-의식-지복]>이다. 아트마는 곧 브라흐만이다.

쉬바 전통의 목표는 단순히 묵티나 <깨달음>이 아니라, <쉬바의 상태를 획득하는 일>이다.

"이상(理想)은 아트마-비압티가 아닌 쉬바-비압티이다." 아트마-비압티는 <참나 실현> 즉 깨달음을 말한다.

베단타의 참나는 어떤 행위도 결핍된 그냥 갸나지만, 쉬바 전통은 갸나와 크리야, 둘 다이다.

아트마-비압티에서는 <제한된 갸나-크리야> 즉 <제한된 지식과 행위>가 있지만, 쉬바-비압티는 <우주적인 갸나-크리야>가 있다. 이 쉬바-비압티는 <파라마 쉬바의 상태>로, <우주를 초월하고 동시에 내재하는 상태>다.

베단타의 해방(解放)에서는, 마야는 사라지고 또 마야를 따라 처량한 신세의 우주도 사라져야 한다. 우주는 그녀가 데려온 허구(虛構)였으니 말이다.

그러나 쉬바-비압티에서, 우주는 <쉬바의 샥티>, 즉 <신성의 힘의 장엄(莊嚴)한 표현>이다.

상키야의 <해방된 자아>는 <삿-칫[존재-의식]>일 뿐이다. 푸루샤는 모든 고통과 번민으로부터 자유롭지만, 어떤 긍정적인 지복도 없다.

베단타의 <해방된 자아>는 <삿-칫-아난다[존재-의식-지복]>로 긍정적인 지복이 있다. 그러나 단지 <아트마-아난다> 즉 <자아의 기쁨>일 뿐이다.

그러나 쉬바-비압티에서는, 우주 전체가 쉬바의 <나-의식>으로 <환희의 찬가>를 연주하고 있다.

상키야와 베단타에서는, 칫타 즉 마음은 해방의 시점에서 원래의 질료(質料)인, 프라크리티로 돌아간다. 더럽혀진 붓디나 칫타는 그 원래의 원인으로 돌아가야 한다.

칫타가 <푸루샤의 신성한 영역>으로 들어가는 것은 용납될 수 없다. 이제 그들은 저 한(恨) 많은 회향녀(回鄕女)와 환향녀(還鄕女)의 신세다.

그러나 카시미르 쉐이비즘 집안은 아드바이타 즉 불이론(不二論)을 손상하지 않으면서도, 처량한 칫타에게 나눠줄 복음(福音)을 갖고 있다.

깨달은 사람의 칫타는 칫 즉 <우주 의식>으로 갱생(更生)되고, 변형(變形)되고, 변화(變化)된다.

프라탸비갸-흐리다얌은 <운명의 여인> 칫타의

<더 높은 운명>의 복음을 전(傳)한다.

"**칫타** 즉 <개체 의식>이 **내면을 향해 움직이게 되면**, **체타나** 즉 <아는 자>, 주체(主體)의 상태로 상승되어, **칫** 즉 **<우주 의식>**이 된다."

크세마라자는 그것을 이렇게 말했다.
"<[우리를 제한하는] 외향(外向)을 포기한 **칫타**는 **이제 내향(內向)이 되어**, **체타나** 즉 <아는 주체>의 상태까지 오른다. 제한의 측면이 용해되는 것으로, 자신의 진정한 본성을 얻을 때, 그것은 **칫**이 된다. 그것은, 말하자면, 이제 **칫**이라는 자신의 가장 높은 단계로 들어가는 것이다."

프라탸비갸-흐리다얌은 다시 말한다.

"**칫** 즉 **<우주 의식>**은 **체타나** 즉 <아는 자>의 단계에서 하강하여 **칫타** 즉 <개체 의식>이 된다. 즉 <의식의 대상>과 일치하여 수축하게 된다."

수축(收縮)할 때, 즉 **아바로하** 혹은 **니메샤**에서 **칫**은 **칫타**가 되고,
확장(擴張)할 때, 즉 **아댜로하** 혹은 **운메샤**에서 **칫타**는 다시 **칫**이 된다.

[무슨 말인지는 잘 몰라도…… 저 <탕자의 비유>처럼, 우리가 <아버지 집>으로 돌아가려고 한다면, 우리의 **마음이 저 <하늘> 쪽으로 향한다면**, 분명 <좋은 일>이 생긴다는 말인 것 같다.]

     ☯   ☯   ☯

샴바보파야는 "**차이탄얌 아트마.**" 즉 "**의식이 나다.**"라는 것이다.

그러나 마음의 중요한 특징인 **비칼파** 즉 <**생각의 얼개**>, <**사고(思考) 구조물**>, <**생각 그 자체**>가 곧 **장애물로 작용하여**, 우리가 그 빛나는 **실재**(實在)를 일별하기는 어렵다. <하늘의 별 따기>다.

실재(實在)를 가리는 장막(帳幕)이 걷어지는 것은 <**비칼파의 라야**> 즉 <**마음의 용해(溶解)**>가 있을 때뿐이다. **실재**는 얻어야 하는 어떤 것이 아니다. 단지 드리워진 그 커튼을 벗기는 일이다. 그러나 "어떻게 <생각으로 가득한 마음>에서 **그 생각들을 없앨 수 있느냐?**"가 문제다.

[<생각을 없앨 수 있는 방법>을 **생각한다면**…… 우리는 곧 저 끝없는 <생각의 굴레>에 떨어지고 말 것이다.]

그래서 **아비나바굽타**는 말한다.

"비칼파 즉 어떤 생각이 떠오르면, 그것을 받아들이지도 내치지도 말라. 그러면 그것은 곧 저절로 가라앉아 사라질 것이고, 그대는 <자신이 무엇인지, **있는 그대로**의 그대 자신>을 발견할 것이다."

이 방편은 <기술(技術)이 아닌 기술>이다. 그것은 노력이 없이 저절로 일어난다. [정확하게는 **노력을 하면 안 된다.** <생각하는 일>은 노력이다.]

그러므로 이 수행은, 가장 간단한 것이기도 하고 가장 어려운 것이기도 하다. 노력이 필요하지 않기 때문에 가장 간단한 것이고, <생각하는 일>은 우리 마음의 오랜 습성이기 때문에 가장 어려운 것이다.

<생각을 없게 하려는 시도(試圖)>를 하면, 마음은 곧 모든 종류의 방법을 <생각하기> 시작한다.

<생각이 없게 되는 일>은 극소수의 인간에게만 주어진 것이다.

그래서 이제 2장은 다른 **우파야**, 즉 **샥토파야**를 말한다.

그런 의미에서 1장 마지막 절은 2장을 준비한다.

<거대한 호수(湖水)>로 용해되어
<만트라의 근원>을 경험한다.

거기에는 세 가지 중요한 단어가 있었다. **거대한 호수**라는 마하-흐라다, **용해**(溶解)의 아누산다나, <**만트라의 근원**>의 경험인 만트라-비랴 아누바와다.

마하-흐라다는 마하-샥티 즉 <거대한 **힘**(力)>을 나타내고, 아누산다나는 <합일(合一)하려는 시선을 가지고 **아주 간절히 깊이 생각하는 것**>을 말하고, 만트라-비랴 아누바와는 <만트라 그 강(强)한 힘의 경험>을 의미한다.

장차 나의 구원자(救援者)로 증명이 될 **만트라**의 엄청난 그 잠재력(潛在力)을 경험하기 위해, 우리는 정신적인 **마하-샥티**의 힘을 빌려야 한다.

샴바보파야는 **쉬바** 혹은 **프라카샤**[영원한 빛]인 **샴부**의 힘을 빌린다. [즉 은총을 받는다.] 그것이 **샴바보파야**라고 하는 이유다.

샥토파야는 **샥티** 즉 **비마르샤**[신성의 힘(力)]를 의지해야 한다. 그래서 **샥토파야**라고 한다. 이것은 **갸나 요가, 바와나 우파야, 만트라 우파야**라고도 한다.

샥토파야는, <생각이 많은 우리에게>, 한 가지 **숫다 비칼파** 즉 <순수한 생각> 곧 <**바른 방향의 생각**>을 붙잡으라고 한다.

그것은 훌륭하고 믿음직한 배로, 우리를 <거칠고 험(險)한 바다>를, 아니 <너무나 미묘하고 영악하여 우리를 아찔하게 하는 이 생각의 바다>를 가로질러 **실재(實在)**라는 안전한 땅에 내려준다.

그러면 **아슛다 비칼파** 즉 <불순한 생각>은 어떤 것인가? **아비나바굽타**는 말한다.

"사람들은 <자신들이 **생각** 때문에 묶여 있다>고 **여긴다.** 이런 잘못된 **개념**이 그들이 윤회(輪廻)하는 존재가 되는 이유다.
그러니 <그런 것에 반대되는 어떤 생각>을 하면, 그런 생각은 <윤회하는 존재가 되는 원인인 **그런 생각**>을 흩어버린다."

즉 <잘못된 사고방식>이 그들의 사상이고, 소위 <믿음>이라는 것이다. 그런 믿음 때문에, 그들은 <정신-신체 유기체>를, <몸-마음 복합체>를 진정한 나 자신으로 여긴다.
"나는 허약하다.", "나는 날씬하다.", "나는 꽤 많이 배웠다." 등이 **아슛다 비칼파**의 예(例)다.

그러면 **슛다 비칼파**, 즉 <바른 정신적인 태도나 믿음>은 어떤 것인가?

"<프리트비 즉 지(地)로부터 쉬바까지의 제한된 현현들>과 <파라마 쉬바라는 무엇>, 그것은 홀로 **<궁극의 실재(實在)>다. 그것이 곧 나다. 그러므로 나는 초월적이고 또 우주에 내재한다.**"

숫다 비칼파는 바로 <이런 생각과 믿음>이다. 이 **숫다 비칼파**의 수행이 바로 **샥토파야**다.

그러면 <생각을 잘하는 지성(知性)의 소유자>는 여기서 따지고 들지도 모른다.

"**파라마 쉬바** 즉 궁극의 실재를 과연 <비칼파의 영역(領域)> 안으로 가져오는 것이 가능한가?

만약 **비칼파**로 - 그것이 아무리 잘 정돈되고 잘 다듬어진 것이라고 하더라도 - **비칼파**의 수단으로, 궁극의 실재 속으로 들어간다면, 그것은 실재를 <생각이라는 영역>으로 가져올 수 있다는 의미가 아닌가?"

카시미르 쉐이비즘은 **<궁극의 실재**는 비칼파의 영역 안으로 가져올 수 없다>고 말한다.

아비나바굽타는 말한다.

"**궁극의 실재**는 모든 곳에 있고, 모든 방법으로 자신을 나타낸다. **비칼파** 즉 생각은 그것을 도울 수도 없고, 방해할 수도 없다."

"<궁극의 실재>에 관한 한 어떤 훈련이나 수행도 가능하지 않다. <그것>에게는 아무것도 추가하거나 또 감(減)할 수도 없다. 그런데 수행이 무슨 소용이 있겠는가?"

　숫다 비칼파의 소용은 <이원성(二元性)의 느낌을 우리에게서 제거하는 것>이다. <이원성의 느낌>이 무엇인가? 또 아비나바굽타는 말한다.

　"<이원성의 느낌>은 다른 것이 아니다. 그것은 <자신의 본성(本性)에 대해 알지 못하는 것>이다."

　이것은 숫다 비칼파의 <소극적인 기능>이다.

　숫다 비칼파의 <적극적인 기능>이 있다.
　그것은 세 가지로 작동한다. 첫째는 만트라-샥티, 둘째는 삿-타르카, 이것은 바와나로 이끈다. 셋째는 숫다 비디아다. 이들은 서로 연관된다.

(1) 만트라-샥티

　크세마라자는 "샥티[힘(力)]는 <만트라의 잠재력(潛在力)>의 확장을 의미한다. 그러므로 만트라의 본성은 우선 검정(檢定)된 것이다."라고 했다.

그래서 샥토파야의 1절은 "칫탐 만트라", 즉 "**그 마음은 만트라다.**"이다.

여기서 **칫타**는 <그냥 그런, 우리의 보통 마음>이 아니다. **그 마음**은 <궁극의 실재를 **깊이 생각하고 생각하는 것에**>, <궁극의 실재를 **찾고 찾는 일에**> 집중(集中)하고 몰입(沒入)하는 마음이다.

"**궁극의 실재를 깊이 생각하고 찾으려고 애쓰는 그것이 칫타이다.**"

그러면 **만트라**는 무엇인가? **만트라**[mantra]라는 말은 두 음절로 되어 있다. "man"과 "tra"이다. "man"은 <반성하는 것>, <**알아채는 일**>을 뜻하고, "tra"는 <구원하는 그것>을 의미한다.

만트라는 우리가 <그 만트라에 깃들인 **궁극의 실재**>를 <**진정한 나 자신**으로 느끼는 <정신적인 각성>이다.

그리하여 세상의 특성인 <분리되어 있고, 다른 것과 다르다>는 느낌으로부터 자신을 구원한다.

샥티는 신비한 음절(音節)과 음절들인 <만트라의 형태>를 떠맡는다. 수행자의 **그 마음은 만트라**가 함의(含意)하는 신성에 너무나 강하게 동일시되어, **그 마음은** 이제 그 **만트라** 자체가 된다.

[우리가 신(神)이나 어떤 사람을 **아주 사랑하면**, 단지 **그 이름을 속으로 가만히 말하는 것만으로도** 이 가슴이 뛰고 눈물을 머금은 기억은 누구나 있을 것이다. 그런 때 내 마음에서는, 그 이름[만트라]이 곧 <그 사람[**실재**(實在)]>이다.]

그 마음 즉 **칫타**는 <우주 의식이 수축된 것>을 말한다. 저 <큰 나>, **참나**가 줄어든 것이다.

1장 1절의 **나**는 <**우주 의식**> 즉 **칫**을 말한다. **칫타**는 그 **칫**이 수축된 것이므로, [그 안에 이미] **만트라**를 내포(內包)하고 있다. [**우주 의식**은 모든 것을 포함하고 있다.]

만트라를 그냥 기계적으로 중얼거리는 것은 아무 소용이 없다. [마음은 다른 곳에 가 있으면서, 입만 중얼거리는 것 말이다.] 우리는 그 **만트라** 안에서 [그 **만트라**가 불러일으키는] 신성(神性)과 자신을 동일시해야 한다.

쉬바의 <**나-의식**>, 즉 신성(神性)의 그 창조적인 박동(搏動)이 모든 **만트라**의 근원이다. 그러나 그 <**나-의식**>은 말이 **없다**.

하지만 모든 언설과 사고(思考), 대상성(對象性)의 근원이다.

숫다 비칼파는 그 신성의 <**나-의식**>을 <진짜의 나>로 깊이 생각하고 또 <**그렇게 느끼는 것**>을 말한다.

샥토파야는 개아를 **쉬바**의 <신성의 나> 안으로 흡수한다. 그것이 **말리니비자야 탄트라**가 이렇게 **샥토파야**를 정의하는 이유다.

"**마음이 한 곳으로 집중된 수행자는**, 소리 내어 말하든 속으로 말하든, 그 <**중얼거리는 일**>의 범위 안에 있지 않은 실재를 **이해(理解)한다.** [이해하면 느껴진다!] 그리고 신성의 의식 속으로 흡수된다. 그때 그 흡수는 **샥티**를 통해 얻는다."

그 중얼거리는 일의 범위 안에 있지 않은 실재가 무엇인가?

그것이 **파라 바크**이다. 그것은 또한 **파라 샥티**, **비마르샤-샥티**, **마트리카**라고도 한다.

파라 바크는 모든 생각과 언설(言說) 위에 있고, 이 우주를 생겨나게 하는 창조의 박동이다. 모든 말과 대상의 근원이고, 아직 말 위에 있다. 그래서 <**말 없는 말**>이다. **침묵**(沈黙).

☯

여기서 잠시 **<말에, 언어에 묶여 있는 우리>를 돌아보기 위해** 선화(禪話) 하나를 다룬다.

[언어와 침묵의 이야기는 한형조의 무문관에서 약간 고쳐 옮겼다.]

수산(首山) 선사가 죽비를 들고 말했다.

"너희들, 이것을 만일 죽비라 부르면 <범하는> 것이고, 죽비라 부르지 않는다면 <등지는> 것이다. 자, 이제, 어디 말해 보라."

拈起竹篦(염기죽비)	저 죽비 들어올려
行殺活令(행살활영)	죽고 사는 말하니
背觸交馳(배촉교치)	등지거나 범한다?
佛祖乞命(불조걸명)	쥐구멍을 찾을 판

무문은 "말을 해서도 안 되고, 입을 다물어서도 안 된다!"면서 우리를 다그친다. "어디, 얼른 말해 보라, 얼른."

어떤 의지가 <고요한 근원>의 에너지를 격동시켜 주체(主體) 혹은 자아를 형성시키고, 그것은 곧 그 짝인 대상(對象)을 불러온다. 이들이 결합하여 인식(認識) 내지 지식(知識)을 구성하고 강화한다. 이때 인식은 세계의 <인위적, 도구적 분절>을 의미한다.

그리고 대상은 인간의 관심(關心)에 의해 일정한 변형과 왜곡을 겪는다. 어떤 대상은 애욕과 추구의 대상이 되고, 어떤 대상은 혐오와 기피의 대상이 된다.

<이것>이라고 할 때, 그 행위는 그것을 <저것>과 분리시키는 짓이다. 그리고 그 분리를 통해 우리는 감정적 편향을 갖는다. 모든 인식은 이처럼 세계에 대한 우리의 불공정한 태도의 결과이다.

실제로, 우리는 실재가 아닌 <이미지의 세계>, 인간의 오염된 인식이 구축해 놓은 환상(幻像), 즉 <마야의 세계>에 살고 있다.

그러므로 저 비트겐슈타인의 초기 언어 이론, 즉 <논리적 원자론>은 처음부터 길을 잘못 든 것이다. 만약 사물에 대한 인식이 인간의 관심으로 오염된 것으로 정립된다면, 그 사물을 지시하는 언어(言語) 또한 그 관심에 물들어 있을 것은 당연한 일이다.

우리는 논리와 변증이 현실적 이해(利害) 때문에, 왜곡되는 것을 자주 경험한다. 세속의 언어만 그런 것이 아니다. 구경(究竟)과 진리를 말하는 언어조차 예외일 수 없다. 아니, 그것은 숭고의 외피를 입고 있기에 더 위험하다. 인간의 냄새를 털어낸 유일한 공간은 <침묵(沈黙)이라는 공간>뿐이다.

☯

침묵(沈默), 즉 <말없는 말>인 파라 바크는 이제 그 현현(顯現)의 순서를 따라서 파쉬얀티 바크가 된다. [이 과정을 내면에서 꼭 느껴 보라! 꼭!]

파쉬얀티 단계에서는 <말>과 [그 말이 가리키는] <대상>은 아직 나누어지지 않고, 구별할 수 없는 전체(全體)이다. [무엇을 말하려는 의지와 의도는 있지만, 그것이 뚜렷하지 않은 <어떤 느낌> 정도 말이다.]

그 다음 단계는 마드야마 바크이다. 어떤 <말>과 그 <대상> 사이에 구분이 시작되었다고 하더라도, 아직 발음(發音)되지는 않았다. 그 구분은 오로지 그냥 <[막연한] 생각과 관념(觀念)의 수준>에 있다.
이것은 파쉬얀티 바크와 바이카리 바크의 중간 단계이다. 그러나 이 수준에서는 일종의 <미묘한 말>이 있다.

바이카리 바크 단계에서는 <거친> 언설이 있다. 그 <말>과 [그 말이 가리키는] 그 <대상>은 이제 완전히 나누어졌다.
비카라라는 말은 <몸>을 말한다. 그러므로 바이카리 바크는 육체적인 기관이 관여하는 단계다.

그러므로 <우주의 현현>에는 혹은 <언어(言語)의 현현>에는 **파라**, **숙쉬마**, **스툴라**의 세 가지 단계가 있다. <**말 없는 말**>과 <**미묘한 말**>, <**거친 말**>.

[눈치 챘겠지만, <미묘한 말>도 말이다. 침묵은 그냥 입을 다물고 있는 상태가 아니다. 우리의 이 마음에서 <**생각, 느낌, 의지, 의도(意圖) 등이 전혀 없는 상태**>, 그것이 <고요한 근원> 즉 **침묵**이다.]

파라 바크 혹은 신성(神性)의 <**나-의식**>은 모든 **만트라**의 존재이유다. 이 개념은 3절에서 더 강화된다.

지식의 정수(精髓)인 그 무엇이 만트라의 비밀.

만트라는 문자(文字)로 이루어진다. 이 문자들은 의미가 없는 허튼 소리가 아니다. 그것은 신성의 <창조적인 힘(力)>의 상징(象徵)이다.

이들 문자에 들어 있는 힘을 집합적(集合的)으로 **마트리카**라고 한다. **마트리카**는 **쉬바**의 본성이고, 그리고 모든 **만트라**의 비밀이다.

"<**쉬바**에서 **프리트비**까지의 우주>는 **마트리카**로 편재(遍在)하다. **마트리카**는 신성의 <**나-의식**>의 **광채로** 가득하다."

<나-의식>은 파라마 쉬바의 창조적인 힘이다. 그것은 파라-샥티, 파라 바크, 마트리카로 알려져 있다. <만트라의 힘>을 얻기 위해서는, 구루 즉 <영적인 안내자>의 도움이 절실(切實)하다.

　　"마트리카는 <나-의식>의 광채로……"

　　산스크리트어의 "나" 즉 "아함[Aham]"이라는 말은 산스크리트 문자의 처음 아[A]와 끝 하[Ha]로 이루어져 있다. 아함의 "ㅁ[m]"은 옴[ॐ]의 오른쪽 어깨에 있는 <초승달 위의 점(點)>이다.

　　[데바나가리에서 아누스와라라고 한다. 훈민정음(訓民正音)의 원래 모습인 "훈민정흠"의 "흠"이라고 한다. 프랑스어의 저 "bon[bɔ̃]"처럼 <울리는 비음(鼻音)>이라는 것이다. 참고로, 산스크리트의 문자 데바나가리와 우리 한글은 닮은 데가 아주 많다는 것은 알려진 사실이다.

　　조선조 집현전 학자들이 훈글을 만들 때, <소리 글자[표음문자(表音文字)]>를 만들면서 우리 <어린 백성들>을 위해, 저 산스크리트[아어(雅語)] 문자를 많이 참고했을지도 모른다.

　　그러나 그런 류(類)의 영향은 더 오래전 신라 때 부터가 아닐지 그냥 혼자 상상해 본다. 김해 김씨,

김해 허씨의 시조모(始祖母)인 인도의 공주(公主) 허황옥(許黃玉)은 아마도 **프라크리트**[속어(俗語)]가 아닌 **산스크리트**를 썼을 것이기 때문이다.

또 한국에서 김해 김씨로 태어난 필자가 <이상한 물고기>의 꿈을 꾼 것도…… 그 <이상한 물고기>가 그런 뜻인가? 이상하다.]

크세마라자는 **프라탸비갸-흐리다얌**에서 말한다.

"문자 **아**[A]로 시작하여 **하**[Ha]까지, 또 **아**[A]와 **하**[Ha]의 조합으로써 <확장된 우주>는 외부로 번쩍이고, 그리고 **프라탸하라**의 방법으로 내면으로 향한다. 그리고 **빈두**의 형태로 **실재** 안에서 쉰다.

빈두는 <분화하지 않은 의식>의 상징이다. 그러므로 <**나-의식**>은 말의 총집합체의 근원이다."

아[A]는 **쉬바**를 나타내고, **하**[Ha]는 **샥티**를 상징한다. 그것은 <궁극의 실재>가 처음과 끝인 것을 말한다. **나는 알파와 오메가요, 처음과 나중이요, 시작과 끝이라.**

그리고 **빈두** 즉 <**하**[Ha] 위의 점(點)>은 <**쉬바**가 **샥티**를 통해 **프리트비**까지 나타났다고 하더라도, 그는 또한 **분화되지 않고 똑같은 것으로 남는다**>는 사실을 나타낸다. 도덕경은 말한다.

有物混成(유물혼성) 분화되지 않은 무엇
先天地生(선천지생) 천지보다 먼저 있고

不知其名(부지기명) 그 이름 알 수 없어
字之曰道(자지왈도) 그냥 도라 부르노라

우리가 **마트리카**를 모를 때, 그녀는 모든 종류의 세속적 경험으로 이끈다. 그러나 그녀를 <알게> 될 때, 그녀는 우리를 해탈로 인도(引導)한다.

그 마음이 **슷다 비칼파**로 만트라를 반영할 때, 우리는 <**쉬바와의 동일성**>을 느낄 수 있다. **만트라** 안에 깃들인 **마트리카**는 **칫타** 혹은 마음으로 변형된다.

단지 생각으로만 있던 **슷다 비칼파**는 용해되고, **칫타** 혹은 마음은 이제 **칫** 즉 **우주 의식**으로 변형된다. 이제 **우주 의식**의 그 맥박을 느낀다. 우주는 단지 **마트리카** 혹은 <**나-의식**>의 증식(增殖)일 뿐이라는 것을 깨닫는다.

<우주는 단지 "**나**"의 드러남[표현(表現)]>이라는 독백이나 고백은 **운마나** 즉 **무심**(無心)에서 오는 것이다. 그 **운마나**는 **마트리카**에 내재한 **만트라**의 힘이 최고로 발달된 것이다. 그것은 **파라 비디아**,

즉 <최고의 지식> 곧 영지(靈知)다.

운마나를 1장 21절은 **숫다 비디아**라고 부르고, 2장 5절은 <**쉬바의 상태**> 즉 케차리라고 부르고, 3장 7절에서는 **사하자 비디아**라고 부른다.

(2) 삿-타르카

수행자는 **구루나 아가마**[경전(經典)]로부터 <그의 본성은 **쉬바**이지, 몸과 마음의 복합체가 아니다>고 배운다. **아비나바굽타**는 말한다.

"**아가마**의 기능은 우리 마음속에 **숫다 비칼파**, 즉 <자아에 대한 순수하고 바른 생각>을 일깨우는 것이다."

"**삿-타르카**는 **숫다 비칼파**와 비슷한 생각들을 계속해서 더 강화시키는 것이다. 이것은 **바와나**로 이끈다."

[**바와나**는 "창조적 묵상(黙想)"이다. 좋은 의미의 상상(想像)이다.]

"**바와나**는 묵상이다. 명료하지 못한 이유 때문에 <전에는 존재 불가능하고 실제적인 것으로 보이지 않던 사물>이, 그 묵상으로, <명백한 실재>로 다시 나타나는 것을 말한다."

<건설적인 상상력>은 아주 중요한 역할을 한다. 그것은 <무의식(無意識)이라는 거대한 호수 속으로 아주 깊이 내려가 그곳으로부터 깜작 놀랄 실재를 낚아 올리는>, 일종의 <자기 암시(自己暗示)>이다.

그것은 **슛다 비디아**로 이끈다.

[그리고 그것은 중세 기독교 세계의 저 렉시오 디비나(Lectio Divina) 즉 <거룩한 독서(讀書)>와 비슷하다고 하겠다.]

(3) 슛다 비디아

슛다 비디아 즉 <순수한 지식>은 서서히 그리고 점차적으로 <**나-의식**>의 그 빛을 명백하게 한다.

슛다 비디아의 영향을 통해, **게야** 즉 <알려질 수 있는 것>은 **갸나** 즉 지식(知識)의 형태로 나타나고, 그다음 **갸나** 즉 지식은 **갸타** 즉 <아는 자>로 일단 끝난다.

마지막으로 **갸타** 즉 <아는 자>는 이런 모든 것을 초월하는 신성의 <**나-의식**>으로 흡수된다.

<**나-의식**>에서 **갸타**, **갸나**, **게야** 사이의 구별은 완전히 사라진다.

스판다 원리에 의한 다른 **샥토파야**도 있다.

만약 우리가 <두 가지 생각 사이의 틈에서>, [즉한 가지 생각이 일어났다가 이제 사라지고, 아직 다른 생각은 일어나지 않는 그 순간 말이다.] 그때 그 자신을 드러내는 **스판다** 혹은 역동적인 **실재**를 파악하는 기술을 개발한다면, **비칼파** 혹은 생각은 종결될 수도 있다. 그것을 **운메샤**라고 한다.

그러나 중요한 **샥토파야**는 **만트라 샥티**에 있다.

우리 마음의 문(門)이 부드럽게 열린다.
<어떤 힘(力)이 내면에서 일어나> 우리가 흔히 말하는 "나"를 죽음으로 감싸 안는다. 그 <제한된 나>는 죽고 <우주적인 나>가 살아난다.

이제 2장과 3장의 경문은, 중요하다고 생각되는 것을 제외하고는, 간략히 말하고자 한다.

샥토파야와 **아나보파야**의 대의(大義)는 **우파야** 소고(小考) < Ⅰ >과 < Ⅱ >로 대신하고,
쉬바 수트라에서 소개하는 방편과 또 소개하지 않는 방편의 의미는 **비갸나 바이라바**로 대신할 수 있기 때문이다.

제 5 장

<바른 방향(方向)의 생각>
이라는 방법

< 1 > 칫탐 만트라
< 2 > **"현빈(眩牝)의 문(門)"** - 마트리카

원래 **쉬바 수트라**의
제 2 장 **샥토파야**[<**힘**(力)의 방편>]
< 1 > - < 10 > 절(節)[**수트라**, 경문(經文)]을

이 수행경(修行經)『**쉬바 수트라**』에서는
제 5 장 < 1 > - < 10 > 절로
다룬다.

[※ 그러므로 본문에서 말하는 장(章)과 절(節)은
원래 **쉬바 수트라**의 장과 절을 말한다.]

< 1 >
그 마음은 만트라다.

< 2 >
지성(至誠)은 감천(感天)

< 3 >
지식의 정수(精髓)인 그 무엇이 만트라의 비밀

< 4 >
자궁(子宮)에 만족하면 몽상에 떨어진다.

< 5 >
지혜(智慧)가 절로 생겨
<쉬바의 상태>인 케차리가

< 6 >
스승은 방편(方便)

< 7 >
<마트리카의 힘>의 통찰(洞察)을 얻는다.

< 8 >
몸은 공물(供物)

< 9 >
지식은 음식

< 10 >
지혜가 사라지면 <꿈의 상태>가 보인다.

< 1 >

그 마음은 만트라다.

chittam mantrah

칫탐 만트라

칫타 : 마음   만트라 : 만트라

"<[만트라에 내재한] **궁극의 실재**와의 동일성을 강하게 각성하는 것으로>, <그렇게 **궁극의 실재**와 동일시하게 되는 것으로>, 이제 <마음 그 자체>가 만트라가 된다."

여기서의 **칫타**는, 우리가 흔히 말하는 <마음>이 아니고, <**궁극의 실재를 깊이 생각하고, 그런 것을 느끼려는**> 그 **마음**을 말한다.

그 마음은 항상 <**바른 방향의 생각**>이다.

그 마음은 만트라다.

이제 **샥토파야**를 설명한다. **샥토파야**의 중요한 기법은 **만트라**다. 그러나 여기서 말하는 **만트라**는 어떤 주문(呪文)이나 성스러운 문장을 중얼거리는 것을 말하지 않는다.

176

여기서 말하는 만트라는 "신(神)에 대해 <아주 깊이 생각하는 것으로>, 신성의 <나-의식>에 대해 <심사숙고(深思熟考)하는 것으로> 사람을 구원하는 그것"을 말한다.

"나는 무엇인가?" "나는 누구인가?" "진짜 나는 어떤 것인가?"라고 애타게 생각하는 <그 무엇>은 도대체 무엇인가?

바로 지금 [이 책을 읽으며] <만트라의 중요성을 깊이 생각하[려고 하]는 이것>은 무엇인가?

그것은 **칫타** 즉 마음이다. 그러나 그것은 모든 사람의, 소위 어중이떠중이의 마음이 아니다. 그냥 **<지나가는** [생각 정도의] **마음>이 아니다.**

<신성 쪽으로 향해 있는 마음>, <자신의 근원을 찾으려는 의도가 있는 마음>을 여기서는 **칫타**라고 한다. 그래서 "**그 마음**"이라고 풀었다. 그런 마음은 그 자체가 **만트라**다.

마음이 만트라를, 지고한 **<나-의식>을 끊임없이 생각할 때, 마음은 그것과 동일시된다.** 그런 식으로 **마음** 그 자체가 **만트라**가 된다.

이제 <만트라를 수행하는 자>와 <만트라 자체> 사이에는 더 이상 어떤 차이도 없다.

잘 알다시피, **우리의 마음은 <어떤 것>도 될 수 있다.** 우리의 마음은 단지 재화(財貨)가 되어 있을 수도 있고, 돌연 화(火)가 될 수도 있고, 사랑이 될 수도 있고, 아니면 **만트라**가 될 수도 있다.

그것은 <나의 마음>이고, 또 마음은 모든 것을 반영(反映)하기 때문이다.

그 마음은 만트라다.

샥토파야의 열쇠는 **갸나** 즉 지식(知識)이다. 그래서 **갸노파야** 즉 <지식(知識)의 방편>이라고도 한다.

진정한 <**나-의식**>의 지식을 끊임없이 알아채는 것으로, 나의 **마음**은 <**나-의식**> 자체가 된다.

이런 방식으로 그는 완전히 깨닫게 된다.

[모쪼록 <**지식(知識)을 좋아하고 사랑하는 이들**>, 다른 말로, <**좌뇌(左腦)가 특히 개발된 이들에게**> 이 **샥토파야**가 복음(福音)이 되기를……]

이 **만트라**는……

< 2 >
지성(至誠)은 감천(感天)

prayatnah sadhakah
프라얏나 사다카

프라얏나 : 지성(至誠)
사다카 : 효과(效果) 있는

"아주 열성적(熱誠的)이어서 자동적으로 일어나게
되면, 효과적이다."

지식(知識)을 좋아하고 사랑하는 사람들, 그래서
밤새도록 공부하는 사람들, 그들은 밤이 새는지도
모른다. 먹는 일과 자는 것도 그들에게는 방해가
될 뿐…… [실제로, <먹(어야 하)는 것>은 지겨운
일이다.]
열심(熱心)이 있어야 한다. <뜨거운 마음>이어야
한다. 그래서 그것이 습성(習性)이 되어, <자동적인
노력(努力)>이 되어야 한다. 그러면 저 하늘도 무심
하지 않을 것이다.

지성(至誠)은 감천(感天)

< 3 >
지식의 정수(精髓)인 그 무엇이 만트라의 비밀

vidya-sharira-satta mantra-rahasyam
비디아-샤리라-삿타 만트라-라하샴

비디아 : 지식(知識)
샤리라 : 정수, 핵심, 스와루파, 몸
삿타 : 존재(存在), <있는 것>
만트라-라하샴 : 만트라의 비밀

"[인간의] <말> 속에, 언어 속에 본래 들어 있는 완전한 **<나-의식>**의 빛나는 존재, [그의 핵심은 <불이론(不二論)의 지식>에 있다.] 그가 **만트라의 비밀**이다."

1절의 **칫탐 만트라** 즉 "**그 마음은 만트라다.**"는 만트라가 무엇인지를 말했다. "그것으로 **쉬바와의 동일성(同一性)을 인식하는 것**"이 **만트라**라는 말이 의미하는 것이다.
그것은 그 **만트라**를 구성하는 <문자 단어>나 <소리 말>을 말하는 것이 아니다. 그것은 자신을 <그 **만트라**에 내재한 신성>과 동일시(同一視)하는 것이라고 했다.

그것은 결국 모든 **만트라**의 핵심인 신성의 <**나-의식**>으로 이끈다. **만트라**의 **목표**는 <**마음을 신성(神性) 쪽으로 향하게 하는 것**>이다. 참으로, 그런 **그 마음**, 그런 마음 자체가 만트라다.

지식의 정수(精髓)인 그 무엇이 만트라의 비밀

만트라는 문자나 소리로 구성된다.

비디아-샤리라는 그 문자나 말로 구성된 <지식의 핵심(核心), 정수(精髓)>를 말한다.

비디아-샤리라-삿타는 그 <지식의 정수(精髓)인 존재>라는 **그 무엇** 즉 "우주와 동일한 저 **쉬바**의 <**나-의식**>"을 말한다.

그 <**나-의식**>을 아는 것이, **그 무엇**을 알아채는 일이 바로 **만트라의 비밀**이라는 것이다.

모든 **만트라**의 근원은 이 신성의 <**나-의식**>이고, 또 모든 **만트라**가 향해야만 하는 곳도 이 신성의 <**나-의식**>이다. "**내가 있다는 그 느낌**" 말이다.

신성의 <**나-의식**>은 창조적인 면에서 **파라 샥티** 혹은 **파라 바크**라고 한다.

이 **파라 샥티**는 현현된 우주가 용해된 뒤 우주적 잠 속으로 들어가는 **샥티 쿤달리니**이다.

그다음 **쉬바**와 **샥티** 사이에 휘젓는 과정이 있다. 그 결과로 문자 **아**[A]가 생겨난다. 이 **아**[A]는 모든 문자의 근원이다.

그러므로 **만트라**의 문자들은 단순히 죽은 상징이 아니다.

그것들은 그것들의 근원인 **쉬바**의 <**나-의식**>을 가리킨다. 그러므로 우리의 마음이 각 **만트라**에서 지향해야 할 곳은 바로 이 <**나-의식**>이다.

그러나 이 신성의 <**나-의식**>을 잊고……

< 4 >

자궁(子宮)에 만족하면 몽상에 떨어진다.

garbhe chitta-vikaso'vishishta vidya-svapnah
가르베 칫타-비카소 비쉬슈타 비디아-스왑나

가르바 : 자궁, <마야의 힘>
칫타-비카샤 : 마음의 만족
비쉬슈타 비디아-스왑나 : <꿈같은 저급한 지식>

"우리의 마음이 <마야의 힘>, 그 제한된 능력에 만족하면, 꿈같은 저급한 지식의 형태가 온다."

가르바는 **마하마야** 즉 <원초적인 무명(無明)>을 말한다. 저 <자궁(子宮) 속의 아기>처럼 말이다.
칫타-비카샤는 제한된 현상적인 힘에 만족하는 것을 말한다.
그런 것은 <제한된 저급한 지식>이고 또 <불순한 지식>이다. 마치 몽상(夢想)과 같다.

마야가 지배하는 이 세상은 그냥 환영(幻影)이다. 우주에서 일어나는 것은, 즉 시간과 공간 안에서 일어나는 것은 - 그것이 무엇이든 - 다 꿈이 되어 버린다.

우리는 누구나 <지나간 나의 어린 시절이 마치 꿈같다>는 것을 [적어도 한 번은] 느껴본 적이 있을 것이다.

자궁(子宮)에 만족하면 몽상에 떨어진다.

우리의 마음이 <중요하지 않은, 이차적인 제한된 힘>에, <수행 중에 나타나는 환상(幻像)이나 **나다** 즉 소리 등>에 관심이 있다면……

우리는 **만트라**의 높은 목표(目標)로부터 떨어질 것이다. 이들 **마야**의 제한된 힘은 일반적인 저급한 지식의 한 형태일 뿐이고, 꿈같은 것이기 때문이다.

만트라의 이상(理想)은, 또 **샥토파야**의 이상은 저급한 힘의 획득이 아니라, **쉬바**의 지고(至高)한 <**나-의식**>의 힘이다. - <그 자체 안에 우주를 포함하는 의식>의 힘 말이다.

사람이 <그가 알게 된, 그 제한된 지식의 힘>을 쓸데없는 것으로 여기고, 더 높은 목표를 견고하게 향할 때, 그때는……

< 5 >

지혜(智慧)가 절로 생겨
<쉬바의 상태>인 케차리가

vidya-samutthane svabhavike
khechari shiva-avastha
비디아-사뭇타네 스와바비케
케차리 쉬바-아바스타

비디아-사뭇타네 : 최고의 지식의 출현
스와바비케 : 자연적으로, 자동적으로
케차리 : 의식이라는 광대한 공간에서 움직이는 것
쉬바-아바스타 : 쉬바의 상태

"자연적인 <최고의 지식>이 출현하면, **<쉬바의 상태>**라는 저 **<의식(意識)**의 광대무변(廣大無邊)한 하늘 공간에서 움직이는 상태>가 일어난다."

케차리는 문자적으로 <하늘 혹은 텅 빈 공간에서 움직이는 그것>을 의미한다. 케차리의 "카" 혹은 <텅 빈 공간>은 **의식(意識)**의 상징이다.

의식(意識)이라는 내면의 하늘, 그 **<텅 빈 공간에서 움직이는 그것>**, 그것은 무엇인가?

이제 그 <텅 빈 공간>에는 <알려지는 것>이라곤 아무것도 없다. <알려지는 것>이 없으므로 <아는 일>도 없다. 오직 <아는 자>만 있다.

오직 <아는 자>만 저 <하늘 혹은 텅 빈 공간에서 움직이고> 있다. 그것이 <**쉬바의 상태**>인 케차리 다.

케차리라는 말의 의미들 가운데 하나가 **쉬**바다. 그러므로 **케차리 무드라**는 <**쉬바의 상태**에 적합한 **무드라**>를 의미한다.

케차리 무드라는 <우리가 의식이라는 공간에서 자유롭게 움직일 수 있게 하는 정신-신체의 특별한 자세(姿勢)와 그 배치(配置)>를 말한다.

케차리 무드라는 여러 가지가 있지만, **카시미르** 쉐이비즘에서는 육체적인 자세는 사실, 거의 취급 하지 않는다.

<**쉬바의 상태**>인 케차리는, **숫다 비디아**라고도 하고, 앞으로 살펴볼 <**사하자 비디아**>라고도 한다. 그것은 <**무심**(無心)**의 상태**>를 말한다.

지혜(智慧)**가 절로 생겨**
<**쉬바의 상태**>인 케차리가

우리가 <만트라의 비밀>을 깨달았을 때, 그것은 <최고의 지식(知識)>을 성취한 것이다. 그 <최고의 지식>을 여기서는 **지혜**(智慧)라고 했다.

지식(知識)은 <이해하는 것>이고,
지혜(智慧)는 <느끼는 것>이다.

[다시 한 번 더 말한다. 이해가 되면 느껴진다! 그러나 우리는 이해하지 못한다. 잘 관찰해 보면, **우리의 이해(理解)라는 것은 대개가 <곡해(曲解)와 오해(誤解)의 수준>에 있는 것이다.** 그리고 그것은 <우리의 머리가 나쁘다>는 의미가 아니다. <언어>, <말>이라는 것이 그렇게 한다는 말이다.

"**만약 우리가 <말>로 서로 통(通)할 수 있다면, 그것은 기적(奇蹟) 중의 기적이다!**" 그리고 그것이 우리가 아는 <달마(達磨) 대사의 저 면벽(面壁)>이 의미하는 것 중 하나일 것이다. 그는 당시, (중국) 불교계, 그 찬란한 <언어의 세계>에……]

이제 우리가 그 **만트라**의 힘을 얻고 또 **케차리 무드라**를 경험하기 위해서는……

< 6 >
스승은 방편(方便)

gurur-upayah
구루르-우파야

구루 : 스승, <영성(靈性)을 일깨우는 이>
우파야 : 방편

"깨달음을 얻은 **구루**만이 도울 수 있다."

구루는 진리를 <알고>, **진리를 <살아가는 자>**다. 그리고 <잘 가르치는 자>다.

그러니 그는 **만트라**의 잠재력을 얻는 데 도움이 된다. <목표에 이르는 방법(方法)>을 가르쳐 주고, 설명해 주기 때문이다. [물론, 그 가르침이 열매를 맺느냐는 우리 각자(各自)의 몫이다.]

예나 지금이나, 엉터리들 때문에, 우리는 곤욕을 치르고 있다. 보는 눈이 있는 사람이야 괜찮겠지만 우리 대부분에게는, <말 잘하는 사람>에게 끌릴 수밖에 없지 않은가? 아니면 다른 사람들의 평가에, 즉 다른 사람의 눈에 의지하거나…… 아, 나에게는 언제 <보는 눈>이 생길지……

스승은 방편(方便)

잘 아는 대로, 스승이 꼭 <생존해 있는, 소위 이 현실의 사람>이라고만 생각할 필요는 없다.

그냥 <살아 있는 사람>이면 된다. **붓다**와 예수는 <살아 있는 사람>이다. 어떤 책이라도, **<그 내용이 살아 있어서 우리의 영성(靈性)을 일깨우는** 역할을 하고 있다면>…… 그런 책에서도 우리는 얼마든지 스승을 만날 수 있다.

물론 <꿈과 환상의 안내자>도……

구루는 그의 은총으로 **만트라**를 주고, 그 안에 **차이탄야 샥티** 즉 **<의식(意識)의 힘>**을 불어넣고, 저 **마트리카**의 신비(神秘)를 가르친다.

[우리는, **문득**, <어떤 말>이 <좀 더 다른 의미>로 **내게 다가오는 것**을 느끼는 순간이 있다.

실제로, 그런 순간이 <영적인 순간>이다. 그런 순간을 많이 알아채라.]

그런 만족할 만한 스승으로부터……

< 7 >

<마트리카의 힘>의 통찰(洞察)을 얻는다.

matrika-chakra-sambhodhah
마트리카-차크라-삼보다

마트리카-차크라 : 마트리카의 힘 또는 가문(家門)
삼보디 : 깨달음, 이해(理解), 통찰

"<음소와 문자 집단>에 관한 깨달음을 얻는다."

이제 <"현빈(眩牝)의 문(門)" - 마트리카>를 좀
더 들여다보자. 얼핏 그 양(量)만 보아도 아찔한데,
그 캄캄함이란……
마치 불교(佛敎)의 <아비다르마 논서(論書)>같은
느낌이…… 그것은 우리의 <몸과 마음>이라는 것을
<언어(言語)라는 칼>로 해부(解剖)하는 것이니……
해부학은 초심자에게는 힘들고 재미없는 것이다.
마음은 <미묘한 몸>이라 파악하기가 더 힘들다.

여기 마트리카는 마음을 해부하는 칼인 언어라는
그 <말과 소리>의 근원(根源)을 다시 해부하자는
것이니 실로 아찔하다. [……나만 그런가?]
하여 자이데바 싱의 도움으로 얼추 간추린다.

우리가 경험하는 [세계의] 현현(顯現)은, <바차카[말, 단어]>와 <바챠[(그 말이 가리키는) 대상]>로 구성된다. 아니면 <나마[이름]>와 <루파[(그 이름이 가리키는) 형상]>로 구성된다.

실재(實在)의 최고 수준에서는 그들은 <하나>다. 그러나 현현에서는, 그들은 말과 그 대상으로 이분된다. 현현에서, **바차카**는 주체적인 면이고 **바챠**는 대상적인 면이다.

인간의 모든 활동은 **바차카** 즉 <말>을 통해서 행해진다. 그리고 바차카는 마트리카로 구성된다. **마트리카**는 <문자>나 <문자화(文字化)된 소리>를 말한다. 그러니 **인간의 모든 활동을 수행(遂行)하는 것은 마트리카다.**

이 **마트리카의 신비**가 완전히 이해되지 않으면, 우리는 그냥 <인간 현상의 고해(苦海)>에 **빠진다.** <지금의 나>를 잘 살펴보라. 그러나 우리는……

"**우리는** 고개를 몇 번 끄덕이고는 **그냥 그대로 지나간다.** 그리고 단 한 번도 우리의 영혼(靈魂)을 가지지 못한다."

저 <눈물의 선지자> 예레미야는 절규(絶叫)한다.

"무릇 <**지나가는** 자>여!
 너희에게는 관계가 없는가?
 <내게 임(臨)한 근심> 같은 근심이 없는가?"

만약 <**나의 삶**의 신비를 이해하기를 바란다면>, <**나의 존재**의 그 근원을 알기를 원한다면>, 우리는 **마트리카**의 신비를 이해해야 한다.
 잘 이해(理解)하지 못한 마트리카는 나를 삶의 "동물적인 활동"에 한정하고, 그래서 속박의 원인이 된다. 그러나 만약 잘 이해한다면, 그녀는 우리의 구원자(救援者)가 된다.

 마트리카의 신비를 깨닫는 것은, 자신의 존재의 근원을 탐구하는 자에게는 가장 중요한 것이다.
 샥토파야는 일차적으로 **만트라**를 다룬다. 그리고 **만트라**는 <말[소리]> 혹은 문자로 구성된다. 다른 말로, **마트리카**로 구성된다. 그러므로 수행자에게, **마트리카**와 <그녀의 힘의 주인(主人)>을 이해하는 것은 가장 중요한 일이다.

 그래서 경문은 **마트리카-차크라** 즉 **마트리카의 힘(力)**을 완전히 깨달으라고, 완벽하게 알아채라고

우리를 간곡히 타이른다. **만트라**의 토대와 바탕인
<문자화된 소리>의 심오한 의미를 말이다.

경문은, 모든 문자는 단지 <**파라 바크** 혹은 **파라
샥티**, **아눗타라 샥티**의 표현>일 뿐이라고 한다.
<우주적인 창조의 힘>의 현현, 혹은 <**스판다**> 즉
<**쉬바**라는 지고의 창조적인 의식의 박동(搏動)>의
현현 말이다.
쉬바의 이 창조적인 능력은, 우주적인 측면에서,
쿤달리니 샥티로 알려져 있다.

쉬바의 **샥티**에서 중요한 것은 다섯 가지다.
칫 즉 <**아눗타라 샥티**[무상(無上)의 힘(力)]>와
아난다[지복(至福)], 그리고 **잇차**[의지(意志)], **갸나**
[지식(知識)], **크리야**[행위(行爲)]가 그것이다.
[이 책의 1장에서 우리는 그것을 다루었다.]

칫 즉 **아눗타라 샥티**는 자신을 단모음(單母音)
"**아**[A]"에서[실제로는 "**어**"라고 한다.] 나타내고,
아난다 샥티는 자신을 장모음(長母音) "**아**-[A:]"
에서 드러낸다.
잇차 샥티는 두 가지 방식으로, 단모음 "**이**[i]"와
장모음 "**이**-[i:]", 또 "**리**[r̩]"["**뤼**" "**르**"에 가까우며,
한글에는 없다.] 등으로 자신을 나타내고,

193

갸나 샥티는 "우[u]"와 "우-[uː]", 그리고 **아**[A], **이**[i], **우**[u]의 대치(代置)와 조합(組合)으로,

크리야 샥티는 "에[e]"와 "아이[ai]", "오[o]", "아우[au]"에서 자신을 드러낸다.

[산스크리트어 모음의 배열순서가 대략 그런 것 같다. 우리말의 "ㅏ ㅑ ㅓ ㅕ ㅗ ㅛ ㅜ ㅠ ㅡ ㅣ"처럼 말이다.]

산스크리트 문자 위의 점(點)["·"]은 모든 현현이 **쉬바**의 저 <하나> **의식**(意識)으로 통일(統一)되는 것을 나타내고,

비사르가[":"]는 <쉬바의 내적인 휴식>과 <그의 **샥티**가 우주라는 형태로 외부로 확장된 것>을 나타낸다.

이들 모음(母音)은 **쉬바**의 내적인 삶을 나타낸다. 모든 모음 가운데서, **첫** 즉 **아눗타라 샥티**를 나타내는 **아**[A]가 가장 중요하다.

자야라타는 **탄트라-알로카**의 주석에서 "**아**[A]는 모든 문자 안에서 그들의 조절자로 거(居)한다."고 했다.

"아, 이, 리, 우" 등의 모음은 <**프리트비**[地]에서 **사다-쉬바**까지, 여러 가지의 **탓트와**>를 상징하는 자음(子音)들을 생겨나게 한다.

그러므로 **모든 문자(文字)와** [그 문자가 만들고, 가리키는] **<모든 창조물>의 가슴[핵심]에 거주하는 것은 쉬바[의식(意識)]다.** 그는 모든 현현(顯現)을 그 자신과의 동일성으로 표현한다.

이런 비슷한 것은 우리가 중학교 국어 문법인 <말본> 시간에 <한글 모음의 창제(創製) 의미>를 배우면서 한 번쯤은 접해 본 것으로 생각한다.

한글의 모음(母音)은 천지인(天地人)을 상징하는 "·" "ㅡ" "ㅣ"가 그 기본(基本)으로, <하늘["·"]>이 <사람[" ㅣ"]>과 <땅["ㅡ"]>의 상하좌우(上下左右)에 작용하여, "ㅏ ㅑ ㅓ ㅕㅗ ㅛ ㅜ ㅠ"로 확장되었다는 것은 잘 아는 사실이다.

류영모는 그런 것을 체득하여, 아주 잘 나타내고 있다. 그에게는 <한글의 소리와 글자>를 <알고>, 그것을 주무르고 또 그것을 넘어 서 있는 무엇이 있다.

[그런 **다석(多夕)**을 우리에게 소개하고 <드러낸> 박영호(朴永浩)님께……]

"**얼나로 솟나자!**"며 우리 **씨울**을 일깨우는 그는 분명 <한글의 나라>에서 깨달은 사람이다.

파라마 쉬바는 <초월적인 쉬바>로, 모든 현현 위에 있다.

쉬바는 파라마 쉬바의 첫 번째 창조적 박동으로, 그 박동 안에서 <나-의식[존재-의식]> 즉 아함이 일어난다.

이 "아함" 혹은 <나-의식> 즉 <"나는 있다."는 느낌>은 비마르샤라고 하며, <모든 바차카[문자]와 그 바챠[대상]들>을 <그 초기의 잠재적인 형태>로 가지고 있다. 공작새의 알이 <장래의 오색 깃털>을 그 잠재적인 형태로 가지고 있듯이 말이다.

아함[Aham]의 아[A]는 아눗타라[궁극의 실재]를 상징하고, 하[Ha]는 비사르가 샥티를 상징한다.

그래서 아함은 <아[A]에서 하[Ha]까지>의 50개 문자의 자궁(子宮)이다.

"아함"은 파라 마트리카 샥티로, 그 안에 잇차, 갸나, 크리야를 갖고 있다.

이것으로부터 잇차아트마카 파쉬얀티 마트리카, 갸나아트마카 마드야마 마트리카, 크리야아트마카 바이카리 마트리카가 일어난다.

아함은 <바차카[말]와 바챠[대상]의 세계 전체>를 그 잠재적인 형태로 가지고 있다.

마트리카-차크라의 지식은 모든 문자(文字)와 또 <프리트비에서 사다-쉬바까지의 모든 탓트와>가 어떻게 아함에서 진화(進化)되었는지를 보여준다.

<마트리카의 힘(力)> 전체는 쉬바의 잇차, 갸나, 크리야 샥티를 갖고 있다. 그리고 그것이 우리의 <말과 대상의 세계>를 전개시킨다.

그리고 <말과 그 대상[세계]>은 우리에게 엄청난 영향을 주고 있다. [한 마디로, **우리는 <**[남의] **말 한마디에> 천국과 지옥을 오간다.** 그런 예를, 굳이 들어야 되는가? 그것이 우리의 일상(日常)인데……
그러면서도 우리는 그것을 전혀 알아채지 못하고 있다. 우리는 <그저> <무의식적으로> 반응(反應)할 뿐이다. 화(火)내고, 실망(失望)하고, 우쭐거리면서 말이다.]

마트리카 힘에 대한 통찰(洞察)과 깨달음은 우리 에게 "진짜 나는 기쁨에 넘치는 쉬바의 <나-의식> 이라는 것"을 깨닫게 한다. **이 통찰을 가지면 이제 나는 다른 사람의 말 한마디에 좌우되지 않는다.**
[그것은 <나의 의견을 고집(固執)한다>는 의미가 아니다.] 나는 나의 존재(存在)에 거한다. 그런 것을 <**나-의식**>이라고 한다.

이런 진정한 <**나-의식**>이 만트라의 비밀이다.

그것은 **허위(虛僞)의** <나-의식>에서, <정신-신체 복합체>의 가짜의 나로부터 우리를 해방시킨다.

그리고 이제 자신이 **쉬바**인 것과 <자신이 우주의 형태로 현현한 것>을 안다. <**스스로**> 안다.

[물론, (우리의 이해를 위해) 우주를 대우주와 또 소우주로 나누어 생각해도 좋다.]

☯   ☯   ☯

<**마트리카의 힘**>의 통찰(洞察)을 얻는다.

모든 말과 그 대상은 <마트리카로 구성되는 말의 결과>이다. **마트리카를 끝까지 해부하여 분석하면, 그것은 쉬바의 지고한** <**나-의식**>에서 생긴다.

이것이 **마트리카-차크라**의 비밀이다.

이 지고한 <**나-의식**>이 우리의 진정한 자아라는 것을 아는 것으로, 사람은 해방된다.

마트리카의 신비를 완전히 깨달은 사람은……

< 8 >
몸은 공물(供物)

shariram havih
샤리람 하비

샤리라 : 몸, <물질의 몸, 미묘한 몸, 원인의 몸>
하비 : 공물(供物), 봉헌물(奉獻物)

"그런 사람에게, 이제 그의 몸은 봉헌물이 된다. <지고의 **의식**(意識)의 불>에 붓는 봉헌의 기름이 된다."

마트리카-차크라에 대한 깨달음을 얻은 사람은 **이제 그 <삶[생활, 인생] 전체>가 변(變)한다. 그는 영성(靈性) 쪽으로, 신(神) 쪽으로 향한다.**
그의 삶 전체는 수행이 된다. 그의 의례(儀禮)의 내용은 이제 영적인 것으로 바뀐다. 예배와 기도로 손을 모으는 대신, 몸과 마음을 다해 그는 **칫** 즉 **우주 의식**을 탐구(探究)한다.

"완전하고 무한한 신(神)이 곧 <진정한 나>다." - **끊임없이 그런 생각을 [<여러 가지>로] 반복하고 또 <그렇게 느끼는 것>**이 그의 예배와 기도가 된다.

<신성(神性)의 탐구(探究)>가 단지 <생각이나 사유(思惟)의 대상>만이 아니다. 그의 수행(修行)이고 또 예배(禮拜)이다.

몸은 공물(供物)

비갸나 바이라바는 말한다.

"진정한 봉헌(奉獻), 즉 예배는 <알아채는 일>을 화저(火箸)[부젓가락]로 사용하여,

우리의 모든 요소(要素)와 감각(感覺), 그 감각의 대상(對象)들을 우리의 이 마음과 함께,

저 <텅 빈 것>[순야, 의식(意識)이라는 내면의 <텅 빈 하늘>, 혹은 <지켜보는 에너지>인 저 무시무시한 바이라바]의 불 속으로 사르는 것이다."

그런 사람에게는……

< 9 >
지식은 음식

jnanam annam
갸남-안남

갸나 : 지식(知識)　　**안남** : 음식(飮食)

"속박의 원인이 되는 그런 제한된 지식(知識)은 이제 먹어치워야 할 음식일 뿐이다."

그는 이제 그런 지식은 어떤 것도 소화(消化)해 낸다. 이제 어떤 음식도 가리지 않는다. 그런 모든 지식은 존재계가 그에게 차려준 진수성찬(珍羞盛饌) 일 뿐이다.

이제는 불교(佛敎)도, 힌두교도, 기독교(基督敎)도 무섭지 않다. 그는 그런 음식을 가리지 않는다.

지식은 음식

만약 **갸나**를 **참 지식** 즉 <진짜 나 자신의 모습을 아는, 혹은 알려주는 지식>으로 본다면, **안남**은 <만족(滿足)을 주는 음식>일 것이다.

그럴 경우 이 경문은 "자신을 깨닫는 일이 그의 음식이 된다. 그는 그것으로 자신을 채운다."라는 의미일 것이다.

지식은 음식

밥과 빵이 음식이 되는 대신, <**참나**에 대한 그의 생각과 지식>이 그를 키우는 음식이 된다. 예수는 말한다.

"내게는 너희가 알지 못하는 양식이 있느니라.
　나의 양식(糧食)은
　<나를 보내신 이의 뜻을 행하며>
　<그의 일을 온전히 이루는 이것>이니라."

나는 무엇을 먹어야 배가 부를 것인가?

비갸나 바이라바는 말한다.

"여기 **112가지 방편 중 하나라도 확고**(確固)하게 **수행하면**, 그대는 더없는 만족(滿足)으로 배가 부를 것이니라."

< 10 >
지혜가 사라지면 <꿈의 상태>가 보인다.

vidya-samhare taduttha-svapna-darshanam
비디아-삼하레 타둣타-스왑나-다르샤남

비디아-삼하레 : 지혜의 사라짐
타둣타-스왑나-다르샤남 : <꿈의 상태>가 출현

"숫다 비디아가 사라지면, <생각의 얼개>가 나타난다."

여기 비디아는 숫다 비디아 즉 <순수한 지식>을 말한다.
1장 21절 **"순수한 지식으로 우주의 모든 힘을 얻는다."**의 그 <순수한 지식>이고,
2장 5절 **"지혜가 절로 생겨 <쉬바의 상태>인 케차리가"**의 그 <쉬바의 상태>인 케차리다.
그것은 다음에 나올 **사하자 비디아**이기도 하다. **무심**(無心)을 말한다. <생각이 없는 상태> 말이다. 그래서 **지혜**(智慧)라고 풀었다.

수행자가 <항상> 깨어 있지 못할 때는 - 그가 <자신이 무엇인지에 대한 **참 지식**>을 경험했다고

하더라도 – 주의(注意)의 흔들림이 있다.

그러므로 <늘> <숫다 비디아를 **알아채는 일**>에 **주의를 집중(集中)해야** 한다.

지혜가 사라지면 <꿈의 상태>가 보인다.

잘 알다시피, 낮에도 하늘에는 별이 무수히 있다. 단지 태양의 밝은 빛 때문에 보이지 않는 것이다. 그러나 밤이 되면 그것이 보인다.

지혜라는 밝은 빛 즉 **무심**(無心), <생각이 없는 상태>가 사라지면, 생각이라는 무수한 별은 우리의 머리 위로 쏟아져 내린다.

이 경문은 주의(注意)를, 즉 **알아채는 일**을 계속 유지할 수 없는 수행자를 위한 말이다.

그래서 **아나보파야**가 준비되어 있다.

제 6 장

우파야 소고(小考) II

<우파야 소고(小考)>라며……

물론 <학술 논문>이나 그런 것은 아니고
또 그런 것에는…… 관심(關心)도 없다.

[필자의 관심은…… 관심(觀心)이다.
그저 <말장난>이나 하면서…… 뭐, 그런 거지.]

때로는 저 <전체(全體)>(?)를 조망(眺望)하는 것도
좋지 않은가?
나무 <한 그루> <한 그루>를 보는 것도 좋지만,
삼림(森林), 총림(叢林), <숲>을 보는 것도 말이다.
[그것은 <우뇌(右腦)를 쓴다>는 의미다.]

우파야라는 말은 <접근하는 방법>이라는 의미를 갖고 있다.

샴바보파야에서 접근하는 방법은, 만약 그것을 어쨌든 방법이라고 부른다면, <깨어 있는 수동성> 혹은 <선택 없이 그냥 **알아채는 일**>이다.

거기에서는 **칫타** 즉 **마음**이 기대고 의지할 대상이나 지지(支持)가 없다. 오히려 **칫타**는 움츠러들어 기능을 그쳐야 한다. 그래서 <지지 없는 수행>이다.

샥토파야에서는 **칫타** 자신이 신성으로 접근하는 방법이다. 그러나 **그 마음**이 어떤 사물이나 대상에 집중하거나 명상하는 것은 전혀 없다.

그때 마음은 <자신의 존재의 근원을 찾는 것>을 위해, <**나**라는 것이 정확하게 무엇인지를 철저하게 생각하는 것>을 위해 사용될 뿐이다.

만트라가 중요하다는 것, 그리고 모든 **만트라**의 근원을 이해하는 데만 사용된다. **나**를 알려는 일에 끊임없이 거(居)함으로 **그 마음**은 신성하게 되고, **만트라**의 힘으로 결국 변형(變形)된다.

그리고 <진정한 나>를 직관적으로 깨닫게 된다. 그 **칫타**는 <창조적 묵상>이라는 **바와나**와 <순수한 지식>인 **슛다 비디아** 즉 **무심**으로 들어 올려지고, 궁극적인 것으로 변형된다.

샥토파야 역시 모든 사람에게 가능하지는 않다. 그것은 **그 마음**이 [이미] 영성(靈性) 쪽으로 향해 있는 사람들을 위한 것이다.

샥토파야는 <진정한 나 자신을 찾으려는 철저한 - 피눈물 나는 - 탐구(探究)의 과정>이다.

라만 마하리쉬의 "나는 누구인가?"라는 방편은 **샥토파야**의 좋은 예(例)라고 할 수 있다.

아나보파야는 또 다른 접근 방법이다.

아누 즉 <제한되고, 조건화된 개아> 혹은 개체는 **붓디**나 **프라나**, 몸 등 똑같이 <제한된 것>을 채택하여 그것으로 수행을 시작한다.

샴바보파야는 "**차이탄얌 아트마.**"로 시작한다. 즉 "**의식이 나다.**"이다.

샥토파야는 "**칫탐 만트라.**"로 시작한다. 즉 "**그 마음은 만트라다.**"이다.

아나보파야는 "**아트마 칫탐.**"으로 시작한다. 즉 "**나는 마음이다.**"이다.

여기서의 **칫타**는 저 <**붓디**, **아함카라**, **마나스**의 복합체>를 말한다.

그것은 존재계의 한 형태에서 다른 형태로 옮겨 가는 것이다. 그것은 우리가 흔히 말하는 **아트마** 즉 영혼(靈魂)이라는 것이다.

여기서 **아트마**라는 말은 <우리가 흔히 "나"라고 여기는 정신-심리적인 복합체>를 말한다.

그것을 **아누**라고도 한다. **아누** 즉 <제한된, 정신-심리적인 의식>에서 시작하기 때문에 **아나보파야**라고 한다.

여기서는 마음을 <**참나**가 아닌, 다른 어떤 것>에 고정한다. 그래서 **베도파야**라고도 한다.

샥토파야에서는 현저한 것이 **갸나** 즉 지식이다. **아나보파야**에서는 현저한 것이 **크리야** 즉 행위다. 그 기법의 하나인 명상(冥想)에서도 행위다. 마음의 행위다.

거친 형태의 행위도 사용한다. <**만트라**의 반복>, <자신이 선택한 신의 예배>, 아니면 신상(神像)을 사용하기도 한다. 그래서 **크리오파야**라고도 한다.

그러나 세 가지 **우파야**는 <단절된, 서로 떨어져 있는, 오가는 문이 없는 그런 방(房)>이 아니다.

아나보파야는 샥토파야로 이끌고, 샴바보파야로 이끈다. 하나의 우파야는 다른 것으로 들어간다.

[참나가 아닌] <다른 어떤 것>이더라도 <신성의 한 표현인 것>으로 경배될 때, 그것은 샥토파야로 끝나고, <나-의식>이 모든 것의 근원이라고 여기는 샥토파야의 수행은 샴바보파야에서 끝난다.
샴바보파야에서는 <나-의식>이 쉬바의 표현일 뿐만 아니라 우주(宇宙)를 포함하고 있다.

그것이 쉬바 수트라가 각 우파야를 기술하는 데 있어서, 각 우파야를 그 자체로만 한정하지 않고, 다른 우파야를 자꾸 언급하는 이유다.

말리니비자야 탄트라는 이렇게 아나보파야를 말한다.

"신성(神性)의 참나 속으로 완전히 흡수되는 것은 댜나, 웃차라, 바르나, 카라나, 스타나-칼파나를 통해서다. 이것을 아나바라고 한다."

위에서 말했듯이, 아나보파야를 따르는 수행자는

마음을 <**참나**가 아닌, 다른 어떤 것>에 고정한다.

그것에는 (1) **붓디**, (2) 거친 **프라나**의 **웃차라**, (3) 미묘한 **프라나**의 **바르나**, (4) <몸과 신경계>를 소우주(小宇宙)로 묵상하는 **카라나**, 또 (5) <외부의 대상>인 **스타나-칼파나**가 있다.

[이제 이것을 살피면서, **명상(冥想)과 저 수많은 <종교 행위>에 대한 이해(理解)가 있기를**······]

(1) **댜나**

댜나는 명상(冥想)을 말한다.
[잘 아는 대로, 불교의 선(禪)은 **댜나**에서 왔다.]

명상은 **붓디** 즉 지성(知性)을 사용하는 것이다.
아비나바굽타는 수행자가 <아는 자>, <아는 일> 즉 지식(知識), <알려지는 것>을 <하나로 통일하는 방법>으로, 즉 이것들을 분별하지 않는 방식으로 명상해야 한다고 말한다.

☯

비갸나 바이라바는 말한다.

데비여!
<아는 자>와 <알려지는 것>에서 알아채라.

 내가 한 송이 장미꽃을 본다. 나로부터 에너지가
그 장미꽃으로 가고 돌아와 그것이 장미꽃이라는
정보를 준다. 이제 나는 그것이 장미꽃이라는 것을
<안다.> 장미꽃은 거기에 있고, 나는 내면에 있다.

 그러므로 세 가지로 나눌 수 있다. <아는 자>,
<알려지는 것>, 그리고 <아는 일>로. 그리고 <아는
일>, <앎>, 지식은 주체와 대상 사이의 다리와도
같다. 그러나 우리의 <앎>은 오직 <알려지는 것>만
드러내고, <아는 자>는 드러나지 않은 채로 있다.
명상의 모든 방편은 그 <아는 자>를 드러내기 위한
것이다.

 어떤 대상을 보며, <보고 있는 자>를 또한 기억
하라. 그러나 그것은 어렵다. 그렇게 <아는 자>를
알아채려고 하면, 대상을 곧 놓쳐 버리기 때문이다.
지금까지 우리는 한 방향으로만 고정되어 있어서
시간이 걸릴 것이다. 그러나 **꾸준히 노력하면,** 차츰
둘 다를 동시에 알아챌 수 있다.

 붓다는 그런 것을 <삼약 스므리티>라고 했다.
정념(正念), 즉 <온전히 알아채는 일>이다. **붓다**는,
<우리의 마음이 오직 한 지점만을 안다면>, 그것은
정념이 아니라고 했다. **그것은 대상과 <아는 자>,**

둘 다를 동시에 알아채는 일이다. 그러면 기적이
일어난다.

아는 자와 알려지는 것에서 알아채라.

<알려지는 것>과 <아는 자>, 그 둘 다를 동시에
알아채게 될 때, 갑자기 나는 <제 3의 것>이 된다.
대상과 주체를 동시에 알아채려는 그 노력 때문에,
나는 <지켜보는 자>가 되는 것이다.

어떻게 내가 그 둘 다를 동시에 알 수 있겠는가?
내가 <아는 자>로만 있다면, 그때 나는 한 지점에
고정되어 남는다. 그러나 **<자기 기억>에서는, 내가
<아는 자>라는 그 고정된 지점으로부터 이동한다.
그때의 <아는 자>는 나의 마음이고, 또 <알려지는
것>은 대상이다.** 그리고 나는 <제 3의 지점>으로,
의식(意識), <지켜보는 자아>, <있는 무엇>이다.

우리가 <아는 자>와 <알려지는 것>, 그 둘 다인
한 지점을 인식할 수 있다면, 그때 우리는 대상과
주체, 물질과 마음, 외부와 내면, 둘 다를 초월한
것이다.

**마음과 함께할 때는 분별이 있지만, <지켜보는
자아>와 함께할 때는 분별이 사라진다.** 누가 <알려
지는 것>이고 누가 <아는 자>인지 말할 수 없다.
그것은 그 둘 다이다. 그러나 **이것은 경험(經驗)에**

기초해야지, 그렇지 않으면 철학적인 토론이 되어버린다. 그러므로 해보라. 실험(實驗), 즉 <실제의 경험>으로 말이다.

☯

댜나 즉 명상의 다른 방법은 4절, **"몸을 나누어 보라."**에도 기록되어 있다.

바와나로 즉 상상력으로, **프리트비**[지(地)]에서 **쉬바**까지의 **탓트와**를, <거친 것>에서 <미묘한 것>으로, <가장 미묘한 것>으로 용해(溶解)되는 것을 찬찬히 명상해야 한다. **라야 바와나**라고 한다.

아니면 **카알라-아그니**가 발가락에서부터 타올라 온몸을 태우는 것을 상상한다. **다하 바와나**다.

☯

발가락에서부터 타오르는 불길에 집중하라.

이 방편을 하고 싶다면, 드물게 있는 스님들의 다비식을 지켜보는 것이 좋다.

상상력이 좋지 않은 사람이라면, **최소한 한 구의 시체가 불타는 것을 보라.**

쉬바가 <타오르는 불길>이라고 말하는 카알라-아그니는 우리네 인생에게 주어진 <시간의 불>을 말한다. **죽음은 <절대로> 확실하다. 우리는 죽어야 한다.** <우리는 죽어야 한다>고 할 때, 그것은 먼 장래에 일어나는 어떤 것이 아니다.

태어나는 순간, 우리는 죽어 가고 있다. 출생과 함께, 사망은 하나의 확고한 현상이 되었다. 일단 태어난 사람은 이미 <죽음의 영역>으로 들어온 것이다. **죽음은 <이미 일어나고 있는 어떤 과정>이다.** 삶이 과정이듯이 죽음도 과정이다.

누워라. 그리고 나 자신을 죽은 것으로 생각하라. 이제 나의 몸은 단지 한 구의 시체다. 그리고 주의(注意)를 발가락으로 가져가라. 눈을 감고, 불길이 발가락부터 머리 쪽으로 타오르고 있다고 느껴라. 불길이 위로 올라옴에 따라 몸은 사라지고 있다.

재가 되어 버린 것을 바라보라. 불길이 지나간 부분들은 더 이상 있지 않다. 그것은 간단히 재가 되어 버린다. 마침내 머리도 사라진다. 모든 것이 재가 되어 버린다. 재 위로 재가 쌓이고, 먼지 위로 먼지가 쌓인다.

그때, **나는 단지 주시자(注視者)로 있을 것이다.** 몸은 거기에 있다. 죽어, 불에 타서 재가 되어…… 그러나 나는 <지켜보는 자>일 것이다. <지켜보는 자>에게 에고는 없다.

(2) <거친 프라나>의 웃차라

[카시미르 쉐이비즘은 파탄잘리 요가의 아사나, 프라나야마, 프라탸하라, 다라나, 댜나, 사마디를 차용한다. 물론 그 의미(意味)는 사뭇 다르다.]

여기서 프라나는 두 가지 의미로 쓰인다.
프라나는 기능에 따라 프라나, 아파나, 사마나, 우다나, 비아나의 특별한 이름이 있다. 이 특별한 <거친 프라나>의 특징이 웃차라다.
[<미묘한 프라나>의 바르나는 다음에 다룬다.]

웃차라는 <프라나-다라나>로, <특별한 프라나에 마음을 집중하는 것>이다.
여러 프라나에 우리의 주의를 고정하면, 거기에 따른 아난다 즉 기쁨을 경험한다.

1) 니자-아난다 :
우리는 가끔 <숨을 크게 내쉰 뒤>에,
주체 즉 <아는 자>를 알아챌 수 있다.
마음이 프라나에서 쉴 때 경험하는 기쁨이다.

2) 니르-아난다 :
[대상(對象)이라는 의미의] 아파나를, 즉

대상[몸]이 <텅 빈 것>임을, **순야**(空)인 것을
묵상할 때 경험하는 기쁨이다.

3) **파라-아난다** :
마음이 **프라나**와 **아파나**에서 쉴 때

4) **브라흐마-아난다** :
여러 대상을 하나로 묶는 **사마나**에서 쉴 때

5) **마하-아난다** :
대상과 지식이 용해된 뒤 **우다나**에서 쉴 때

6) **칫-아난다** :
마음이, 편재(遍在)하는 **비야나**에서 쉴 때

7) **자갓-아난다** :
프라나 샥티를 완전하게 깨달을 때,
신성이 우주(宇宙)로 나타나는 기쁨이다.
<아는 자>, <알려지는 것>, <아는 일> 즉 지식
으로 자신을 드러내는 **의식**(意識)만이 있다.

이 **프라나 요가**는 **프라나야마**와는 완전히 다른
것이다. 그것은 단지 호흡 조절의 경험일 뿐이다.
[그러나 그것도 <다른 방편>에서는……]

(3) <미묘한 프라나>의 바르나

아비나바굽타는 일반적인 프라나에서, 바르나로 알려진 <인지할 수 없는, 모호한 소리>가 진동하고 있다고 한다.

이것은 모든 살아 있는 생명체에서 <자연적으로> 또 <끊임없이> 계속된다. 아나하타 나다로 알려져 있다. [아나하드 나다라고도 한다.]

"이 인지할 수 없고 모호한 아나하타 나다 안에, 모든 문자(文字)가 잠재적으로 있다. 모든 문자가 여기에서 나오므로, 미리, 바르나[문자(文字)]라고 한다."

<이 소리를 알아채는 일>을 바르나 수행이라고 하는데, 아주 오래된 형태이다. 샹카라차리아도, 고락샤도, 카비르도 사용한 방편이라고 한다.

어떻게 이 <인지할 수 없는, 모호한 소리>를 알 것인가?
"스리쉬티 비자와 삼하라 비자가 그것의 중요한 형태이다."

스리쉬티 비자와 삼하라 비자가 무엇인가?

"사[Sa]"가 <날숨을 나타내는 신비의 문자>이고,
"하[Ha]"가 <들숨을 나타내는 신비의 문자>이다.

우리는 <사> 소리와 함께 내쉬고, <하> 소리와
함께 들이마신다. 그러므로 항상 이 **함사 만트라**를
반복한다. 밤낮을 통해 21,600번 반복한다.
["216"이라는 숫자를 꼭 기억하기를…… 그것은
카발라의 게마트리아에서도 중요한 의미가 있다.]

이 <자동적(自動的)인 **함사 만트라**>를 **알아채는
일**은 **프라나**[날숨]와 **아파나**[들숨]의 균형을 이루게
한다. 그리고 그때 척추 기저(基底)에 잠자고 있던
쿤달리니가 위로 오른다.
그때 천상의 소리가 들릴 수 있지만 무시하고,
파라 나다 즉 **아나하타 나다**에 거(居)해야 한다.
이 **나다**에 거하는 것으로, 마음은 용해(溶解)된다.
[즉 생각이 그친다.]

깨어난 **쿤달리니**는 **브라흐마-그란티**를 뚫는다.
그다음 **물라다라 차크라**를 뚫고, **스와디스타나**와
마니푸라 차크라를 뚫는다.
그다음 **비쉬누-그란티**를 뚫고, **아나하타, 비슛디
차크라**를 뚫는다. 그리고 **루드라-그란티**를 뚫고,
아갸 차크라를 뚫고 이제 **사하스라라**로 들어간다.

소리 즉 **나다**는 **마드야마** 단계에서는 미묘하고, **파쉬얀티** 단계에서는 더 이상 들리지 않는다.

이제 우리는 **죠티** 즉 빛의 경험을 가진다. 모든 **비칼파** 즉 생각이 조용해지고, 지고의 <**나-의식**>을 경험할 수 있다.

함사는 생명(生命)의 상징인 **나다**의 나타남이다. **아나하타 나다**는, 그 내적인 중요성에서, **프라나바** 즉 **옴**[ॐ]의 상징이다.

이 **프라나바**를 강렬하게 알아채는 일로, **나다**의 미묘한 형태인 <아홉 **나다**의 단계>가 나타난다.

[각 단계는 앞엣것보다 더 미묘하게 된다. 이것은 **비갸나 바이라바**에서 약간 언급했다.]

<진지하고 또 완전히 집중된 마음>으로 **옴**[ॐ]을 읊조리게 되면, [소리를 내는] <호흡의 에너지>는 **마드야 샥티**의 형태로 내향적이 된다.

함사 혹은 **쿤달리니**로 알려진 중앙의 에너지는 11 가지의 연속적인 움직임으로 올라간다. 우리의 의지와는 아무 관계가 없이 말이다.

첫 세 가지의 움직임은 **옴**[ॐ, AUM]을 읊조리는 것으로 시작된다. 먼저 거친 형태로, 소리를 내어 읊조린다. ["**옴을 천천히 읊조려라.**"]

그리고 A는 배에, U는 가슴에, M은 입에 있는 것으로 묵상한다.

[한 단음절(短音節)을 발음하는 데 걸리는 시간을 **마트라** 즉 모라(mora)라고 한다.]

1) 빈두 :

입에서 발음된 그 소리는 <코의 공명(共鳴)>으로 나타난다. 그것이 **빈두**다. **산스크리트어 옴**[ॐ]의 위에 보이는 점(點) 말이다.

빈두는 <[발음(發音)된] 말의 압축된 에너지>를 상징한다. 그 안에는 음소(音素)가 분화되지 않은 형태로 있다.

그것은 강렬한 <빛의 점>이다. **옴** 뒤에 **만트라**의 소리가 없기 때문에 **빈두**는 이 단계로부터 저절로 작동하는 움직임이 된다.

이제부터는 그 에너지의 상승만이 진동(振動) 즉 **스판다**의 <미묘한 형태>로 있다. 그것은 점점 더 미묘하게 된다.

빈두에서의 그 에너지를, 우리는 두 눈썹 사이의 <빛의 점>으로 묵상할 수 있다.

이때의 그 **프라나** 에너지의 미묘한 정도는, 시간으로 측정한다면, 한 **마트라**의 1/2이 될 것이다.

2) 아르다 찬드라 :

이제 **빈두**는 **나다** 즉 <미묘하고 분명하지 않은 소리>로 변형되었다. 그 안에 들어 있는 <대상의 느낌>은 점차로 사라진다.

그때 그것은 **아르다 찬드라**[반달]의 형태가 되어 앞이마에 나타난다. 진동의 미세함은 한 **마트라**의 1/4이다.

3) 니로디니 :

이후 **빈두**의 <대상의 느낌>이 완전히 사라졌을 때, 에너지는 직선(直線)의 형태가 된다. 앞이마의 윗부분에 나타난다. 진동의 미세함은 1/8이다.

[**니로디니**는 "막는 것"을 의미한다. 그것은 소위, 그럴만한 수준이 아닌 사람이 **나다**의 다음 단계로 들어가는 것을 <막고>, 또 그럴만한 수준에 있는 사람이 이원론에 빠지는 것을 <막기> 때문이다.]

4) 아나하타 나다 :

그것은 신비한 공명(共鳴)이다. 머리 정수리에서 확장되어 **수슘나** 즉 <[척추의] 중앙 통로>를 통해 퍼져 나간다. 그것은 **아나하타 나다** 즉 <두드려서 내는 것이 아닌, 자연적인 소리>로, 분명하지 않고, 결코 없어지지 않는다.

모든 <살아 있는 생명체>에는 항상 계속된다. 그

진동의 미세함은 한 **마트라**의 1/16이다.

5) **나단타** :

나다 너머에 있는 에너지다. 극히 미묘하여 머리 꼭대기 약간 위에 있는 **브라흐마-란드라**에 있다. 진동의 미세함은 1/32이다.

이 경험 뒤에는 <나 자신이 몸이다>라는 느낌이 없다.

6) **샥티** :

샥티는 본질에서 에너지다. 이 단계에는 **아난다** 즉 지복(至福)의 느낌이 있다. **마트라**의 1/64이다. **샥티**는 피부에 거한다고 한다.

7) **비아피니** :

비아피카라고도 한다. 그것은 <모든 것을 뚫는 에너지>이고, 우주를 채우고 있다. **몸의 한계성은 사라지고, 하늘처럼 편재(遍在)하는 경험이다.**

그것은 **시카**의 뿌리, 즉 머리털 타래의 뿌리에서 경험된다고 한다. **마트라**의 1/128이다.

8) **사마나** :

비아피니 단계에서, 모든 <공간적인, 시간적인 제한>은 극복된다. 모든 대상성은 사라진다.

사마나 단계에 이르면, **보다** 즉 <조명(照明)의 에너지>만 있다. [회광반조(回光反照)의 그 빛(光) 말이다.]

크세마라자가 말하듯, 어떤 생각의 대상도 없는 <생각[**의식**(意識)]의 활동>만 있다.

사마나는 **시카** 혹은 머리털에 거한다. **마트라**의 1/256이다.

<**쉬바**의 5종 행위>, 즉 우주를 현현(顯現)하고, 유지(維持)하고, 소멸(消滅)하는 것과 <자신을 은폐(隱蔽)하고> 또 <은총(恩寵)으로 자신을 드러내는 것>은 이 단계의 **샥티**를 통해서이다.

사마나 단계에 도달한 수행자가 주의를 우주로 돌리면, 전지(全知) 전능(全能) 등의 힘을 얻는다.

그러나 이런 힘에는 관심이 없고 <존재계의 더 높은 영역>으로 눈을 돌리면, 그는 **운마나 샥티**에 도달하고 **파라마 쉬바** 즉 <**궁극의 실재**(實在)>와 연합한다.

사마나 샥티에 만족하는 수행자는 단지 **아트마-비압티**만을 가진다. **크세마라자**는 그것을 <순수한 의식의 고립>이라고 했다.

<**파라마 쉬바**와 동일한 상태>인 **쉬바-비압티**를 얻을 수 없다.

9) 운마나 :

운마나는 <모든 정신 과정 너머에 있는 궁극의 에너지>다.

"운마나는 마나스 혹은 정신 과정이 초월되고, 그것의 최고점에 이른 상태이다."

운마나는 최고의 **순야**로, 즉 **공**(空)이다. 그것은 우리가 흔히 말하는 "0"이나 그냥 무(無)가 아니다. 그것은 <모든 대상이 완전히 사라져버린 그 느낌>이다. 그것은 <모든 것의 샘이고 근원(根源)>인 저 <**우주 의식**의 빛>이다.

[어떤 사람은 그것을 머리털의 마지막 부분으로 묵상해야 한다고 하며, 한 **마트라**의 1/512이라고 한다.]

그러나 **스왓찬다 탄트라**는 그것을 **아-마트라**라고 한다. **마트라** 너머라는 것이다. 그것은 **마나스** 즉 <정신 작용의 영역> 밖에 있기 때문에 측정할 수 없다. 그것은 시간 너머에 있다.

운마나는 우리 의식(意識)에서 최고의 국면이다. **사마나**까지는 **아트마-비압티** 즉 <본질적인 자아의 깨달음>만이 있다.

쉬바-비압티는 운마나 단계에서만 있을 수 있다. <진정한 나 자신에 대한 깨달음>뿐만 아니라 또한

<세상이 나 자신의 한 국면이라는 깨달음>이 있다.

사마나까지는 저 <마야의 장난>이 있다. **마야의** 장난이 완전히 끝나는 것은 **운마나** 단계뿐이다.

(4) 카라나

카라나는 <몸>을 사용하는 방편이다. 여기서의 몸은 모든 몸을 의미한다.
카라나는 **무드라** 즉 <몸의 어떤 부분을 특정한 방식으로 배열하는 것>을 사용하기도 한다.

카라나 방편에는 7 가지가 있다.
1) **그라햐**
2) **그라하카**
3) **삼빗티** 혹은 **칫**
4) **산니베샤**
5) **비압티**
6) **탸가**
7) **악쉐파**

"**카라나**의 일곱 가지는 <모든 대상적인 현상>을 <**참나**의 의식> 속으로 흡수(吸收)하는 것이다."

처음의 네 가지는 순수한 **아나보파야**다.

우리는 1) **그라햐** 즉 <인지하는 모든 대상>을 2) **그라하카** 즉 <감각 기관> 속으로 흡수해야 한다.

그다음 이 모든 것을 3) **삼빗티** 즉 의식 속으로 흡수하고, 그다음 <삼빗티 안에서 완전히 견고하게 되는 것>을 4) **산니베샤**라고 한다.

산니베샤에서는, 대상이 [<외부적인 것>으로서는] 아무 흔적이 없[게 된]다.

비갸나 바이바라는 말한다.

어떤 대상을 바라보라.
시선을 거두고, 사념(思念)을 거두어라.

한 대상만 느껴라.
그다음 그 느낌을 떠나라.

우리가 **우주 의식**으로 모든 대상에 편재할 때, 그때 5) **비압티**를 얻었다고 한다.

비압티는 바와나 즉 <창조적 묵상>으로 얻는다.

6) **탸가**는 노력이 금지된 단계다. **우주 의식**은 이제 자동적으로 거주한다.

비압티와 탸가는 **샥토파야** 단계에 도달한다.

7) **악쉬파**는 **우주 의식**이 전 우주에 투사된 것을 말하며, **샴바보파야**의 단계다.

(5) 스타나-칼파나

마음을 <외부적인 것들(?)>에 고정시키는 것으로 **스타나-칼파나**라고 한다.

"**스타나** 즉 <마음을 고정시킬 수 있는 곳>에는 세 가지가 있다. **프라나**, <몸>, 그리고 <몸 밖에 있는 어떤 것>."

여기의 **프라나**는 **웃차라**의 것과는 다른 의미에서 사용된다. **웃차라**에서는 마음을 **프라나**, **아파나**, **사마나**, **우다나**, **비아나**에 고정해야 한다. 그것은 **프라나 샥티**의 <내적인 면>이다.

스타나 칼파나에서, 우리는 마음을 <코를 통해 들어오고 나가는 **프라나**>에 고정해야 한다.

<몸의 중심>에서부터 **프라나** 즉 날숨은 외부로 <12 손가락 거리>를 담당하고 있고, 다시 그 지점으로부터 **아파나** 즉 들숨은 중심까지 같은 거리를 담당하고 있다.

이 두 지점은 <외부의 **드와다샨타**>와 <내부의 **드와다샨타**>로 알려져 있다. 이 두 지점에 마음을 아주 견고히 고정하면, 마음의 **비칼파** 즉 생각은 용해되기 시작하고, 결국은 **참나**로 흡수된다.

이 방편은 **비갸나 바이라바 탄트라**의 맨 처음의 방편으로 소개된다.

프라나에도 마음을 고정시킬 수 없는 사람들은 <몸>과 <몸 밖의 사물>에 고정시킬 수 있다.

여기의 <몸>은 <물질의 [거친] 몸>을 의미한다. <몸 밖에 있는 사물들>은 <신상(神像)>과 <그림> 등을 포함한다.

[십자가(十字架)나 불상(佛像) 등등 말이다.]

우리의 궁극의 목표는 <우주를 자신의 확장으로 여기는, 저 **쉬바**의 **우주 의식**>이다.

아나보파야는 **샥토파야**로, 그리고 **샥토파야**는 **샴바보파야**가 되어야 한다.

제 7 장

아누 – 에고 혹은 개아(個我)

< 1 > 아트마 칫탐
< 2 > **몸을 나누어 보라**

원래 쉬바 수트라의
제 3 장 **아나보파야**[<**개체**(個體)의 방편>]
< 1 > – < 45 > 절(節)[**수트라**, 경문(經文)]을

이 수행경(修行經)『**쉬바 수트라**』에서는
제 7 장 < 1 > – < 11 > 절과
제 8 장 < 12 > – < 22 > 절과
제 9 장 < 23 > – < 33 > 절과
제 10 장 < 34 > – < 45 > 절로
나누어 다룬다.

[※ 그러므로 본문에서 말하는 장(章)과 절(節)은
원래 **쉬바 수트라**의 장과 절을 말한다.]

< 1 >

나는 마음이다.

< 2 >

지식은 속박이다.

< 3 >

칼라 같은 덮개를 알지 못함이 마야다.

< 4 >

몸을 나누어 보라.

< 5 >

나디의 용해, 요소의 조절, 요소에서 철수(撤收),
요소로부터 분리(分離)

< 6 >

<무명(無明)의 너울>로 싯디가

< 7 >

마야를 꿰뚫으면 사하자 비디아가

< 8 >

아주 깨면 세상은 빛이다.

< 9 >

배우(俳優)는 나

< 10 >

무대(舞臺)는 <내면의 영혼>

< 11 >

감각(感覺)은 구경꾼

< 1 >
나는 마음이다.

atma chittam
아트마 칫탐

아트마 : 개아(個我), **아누**, 나, 자아, 영혼
칫타 : **마음**, <개체 의식>

"[개아(個我)로서의] **나는 마음이다.**"

이제 **아나보파야**로, 먼저 **아누**의 특성을 말한다. 개아(個我)로서의 그 <나>는 나 자신을 마음이라고 여긴다. 이때의 마음은 **붓디**, **아함카라**, **마나스**로 구성된다.

아누는 <한 점(點)[원자(原子)]> 혹은 개아(個我), 개체(個體)를 말한다.

<우주의 전개 과정>에서 **칫** 혹은 **우주 의식**은 **칫타**로 축소된다. 그리고 **칫타**는 **붓디**, **아함카라**, **마나스**로 구성된다. **칫타**는 욕망(慾望)으로 인해 - 감각의 즐거움을 위한 욕망으로 - 조건화 된다.

붓디의 성격은 일차적으로 **삿트와**다. **아함카라**는 **타마스**이고, **마나스**는 **라자스**이다. 그것이 아누인

칫타이다. 이 **칫타** 혹은 **아누**를 여기서는 **아트마** 즉 <나>라고 한다.

붓디, **아함카라**, **마나스**를 사용하여, 그 <나>는 존재계의 한 형태에서 다른 형태로 움직인다. 즉 윤회전생(輪廻轉生)을 한다. 이런 의미에서 **칫타**는 **아누** 혹은 **아트마**, 즉 영혼(靈魂)이다. 왜냐하면 <**샷트와**, **타마스**, **라자스**의 방법으로> 존재계의 한 형태에서 다른 형태로 움직이기 때문이다.

["**아타티 이티 아트마.**" 즉 <계속해서 움직이는 그것>이 **아트마**다.]

나는 마음이다.

감각의 대상에 대해, 욕망으로, 깊이 영향을 받는 그것이 **칫타**이다. 개아(個我)라는 맥락에서, <아는 자> 혹은 **아트마**는 이 **칫타** 혹은 <조건화된 마음>이다. [혹 속에서 "나는 마음이 아닌, <불멸(不滅)의 영혼 (같은 그 무엇)>이다."라는 생각이……]

여기서 말하는 "**나는 마음이다.**"라는 <사람들의 상태>는 과연 어떤 것이겠는가?

마음은 항상 과거(過去)나 미래(未來)다. <마음이 나>인 사람에게는 <지금 여기>라는 현상이 없다.

예(例)를 들어 말해 보자.

누가 <유럽의 어떤 지역을 다녀왔다>고 말한다. 그러면 나는 내가 아는 그 지역이나 아니면 유럽의 다른 지역, 아니면 그와 비슷한 여행이나 계획에 관한 것이라도 연상(聯想)하고, 비교(比較)할 것이고 또 말하기 시작할지도 모른다.

나는 <지금 여기> [이 순간] 그를 가만히 듣고 있을 수 없다. **마음은 <내가 겪었고 아는 과거의 모든 것으로, 또 미래로> 끊임없이 오간다.** 그것이 이 경문이 말하는 사람의 상태다.

나는 마음이다.

쉬바는 바로 <이런 나>를 향해서 말하고 있다. 자신을 <[불멸의] 영혼(靈魂)>이라며 괜히 높이지 말라. **그런 믿음은** 이 <수행의 길>에서는, 실제로, **아무런 도움도 되지 않는다.**

그냥 "**나는 마음이다.**"라고 스스로에게 정직하고 또 정확해라. [진단(診斷)이 정확해야, 치료 방법도 올바른 것을 쓸 수 있다!]

그런 <이런 나>에게는……

< 2 >

지식은 속박이다.

jnanam bandhah
갸남 반다

갸나 : 지식(知識)　　반다 : 속박(束縛)

"개아의 [마음의] **지식은 속박**의 근원**이다.**"

이 경문은 1장 2절에서도 똑같이 있다. 거기서는 지식(知識)을 **아나바 말라**라고 해석하면서, 그것이 사실은 무지(無知), 무명(無明)이라고 했다.

[그러면서 <무명이 아닌 지식>을 **참 지식**이라고 말하고 싶다고 했다. 이것은 잠시 미루고……]

지식은 속박이다.

개아(個我)의 제한된 지식은 여러 가지로 우리를 속박한다.

첫째, 개체(個體)인 나는 어떤 <특정한 삶>에서 <특정한 것>을 할 수 밖에 없다. 그러면 우리는 그 <특정한 것>이 우리 삶의 유일한 진리라고 여긴다.

우리는 <다양함으로 구별되는 그것>에 한정되어, 우주를 파악할 수 없다.

우주에서 <특정한 것>들은 단지 제한된 표현일 뿐이다. 우리는 나무는 보지만 숲을 보지 못한다.

우리는 <모든 원자(原子) 안에서 즉 **아누** 안에서 숨 쉬는 생명>을, <모든 생명(生命) 있는 것 안에서 비치는 [**의식**의] 빛>을, <모두를 하나로 끌어안는 사랑>은 볼 수 없다.

우리는 이 <특정한 나>와 나의 필요와 욕망 안에 갇히고 묶여 있다. 우리는 <생명>이라는 저 거대한 흐름 안에 흐를 수 없기 때문에, 일시적 즐거움에 안주(安住)하게 된다.

둘째, 개아의 모든 생각은 감각과 지각(知覺)에서 온다. <감각의 이미지>와 <그 사념(思念)의 얼개>, 또 상상과 공상(空想) 등…… 그리고 나의 경험과 지식으로 긁어모은 그 <모든 말>로써 말이다.

우리는 간단히 저 **마트리카-차크라**의 장난감이 된다. 우리는 <감각 너머>에 **실재**가 있다는 것을 믿을 수 없다. 그래서 우리는 감옥(監獄)을 짓고, 그 안에서 살기 위한 즐거움을 찾는 것이다.

셋째로, 우리는 <몸-마음 복합체>를, <정신-신체 유기체>를 나 자신으로 여긴다.

이것은 <진짜 나 자신>인 "아트마"의 삶을 위한 도구(道具)라는 것을 알려고 하지 않는다. 그러니 우리는 거친 육체적 즐거움을 탐닉한다.

그리고 그 즐거움을 위한 욕망은 너무나 강하여 우리는 그것의 희생자가 된다. 우리는 그것을 즐길 수 없다. 그것이 우리를 즐긴다. 바가바드 기타는 말한다.

"감각(感覺)으로 인한 즐거움은
<고통(苦痛)의 근원(根源)>일 뿐이니
현명(賢明)한 사람은 탐닉(耽溺)치 않느니라."

우리는 나의 모든 욕망의 흔적이 <미묘한 몸>에 깊이 깃드는 것을 알아채지 못한다. 그것은 욕망의 법칙에 의해, 우리를 다음의 생(生)으로 내몬다. 그 <욕망을 만족시켜줄 몸>으로 말이다.

아누 혹은 개아의 지식은 그의 <정신적 기구의 형식>에 한정된다.

지식은 속박이다.

여기서 1장 2절을 다시 음미(吟味)한다. 적어도, 저 샴바보파야의 "지식은 속박이다."라는 문장은 도대체 또 무슨 다른 의미가 있겠는가?

바수굽타는 왜 <똑같은 말[문장]>을 두 번이나 언급하고 있는가?

[붓다나 예수의 경우처럼, 우리의 주의(注意)라는 것을 환기(喚起)시키기 위함인가? 그들은 세 번을 똑같이 물은 것으로 알려져 있다. 우리가 <잘 알아듣게> 하거나, 아니면 <의식적(意識的)으로 있거나, 말하도록> 하기 위해서 말이다.]

"[저 샴바보파야의] <무명, 무지가 아닌 지식>을 참 지식이라고 말하고 싶다."고 했다. 그러면 그때 그 문장은 "<참 지식>은 속박이다."가 되겠지만, <참 지식>이 속박이 되면 곤란하다.

샴바보파야는 분명히 "지식은 속박이다."라고 말한다. 그리고 샴바보파야는 "의식이 곧 나다."라고 말하는 사람을 위한 방편이다. 그런 샴바보파야의 그 [참] 지식이 왜 속박인가?

속박(束縛)이 무엇인가?

비갸나 바이라바는 말한다.

**사실, 속박과 자유는 상대적인 것으로
우주는 여러 마음의 반영이다.**

쉬바는 그것이 반대적인 것이 아니라, **상대적인 것**이라고 한다. 그것은 마치 우리가 <뜨거운 것>과 <차가운 것>을 일컫는 것과 같다. 무엇이 <뜨거운 것>이고, 무엇이 <차가운 것>인가? 그것은 <똑같은 현상, 동일한 현상의 어떤 정도(程度)>를 가리킬 뿐이다. 온도, 즉 수온과 기온의 정도로, **상대적인 것**이다.

예를 들어, 여기, 한 통에는 <차가운 물>이 있고 다른 통에는 <뜨거운 물>이 있을 때, 내가 한 손은 <뜨거운 곳>에, 다른 손은 <차가운 곳>에 넣는다면 어떻게 느낄 것인가? 정도의 차이를 느낄 것이다. 그러나 내가 두 손을 먼저 얼음물에 넣어서 아주 차갑게 한 다음에 그 <뜨거운 물>과 <차가운 물>에 넣는다면, 이제 찬 손은 <뜨거운 물>에서는 전보다 더 뜨겁게 느낄 것이고, 다른 손은 <차가운 물>을 상대적으로 따뜻하게 느낄 것이다. 그러니 그것은 **상대적인 것**이다.

사실, 속박과 자유는 상대적인 것으로

그러므로 우리는 **속박(束縛)에서만 해방되어서는 안 되고, 목사에서도 해방되어야 한다.** 둘 다에서 해방되지 않으면, 우리는 해방되지 않은 것이다.

이런 것을 깊이 느낄 수 있다면, 우리는 둘 다로부터 해방될 것이다.

❧

지식은 속박이다.

아니면 그것은 <**참 속박**>이다. 그것이 성경이 말하는 <하나님[신(神)]의 자녀>가 의미하는 것이다. 만약 하나님이 <절대의 자유>라면, 그 절대 자유에 속(屬)한 것들도, 그것에 속박(束縛)된 것들도 역시 <절대의 자유>를 가져야 한다.

그때, 우리는 그것을 속박이나 자유라고 말하지 못한다.

< 3 >

칼라 같은 덮개를 알지 못함이 마야다.

kala-dinam tattva-anam a-viveko maya
칼라-디남 탓트와-아남 아-비베코 마야

칼라-디남 : 칼라 등(等)의
탓트와-아남 : 요소(要素)의 구성
아-비베카 : 구별하지 못함. 식별(識別)하지 못함
마야 : 마야, 환영(幻影)

"**칼라** 등의 **탓트와**를 알지 못하는 것이 **마야**다."

지식(知識)이 왜 속박인가? [그러면 지성(知性)은 도무지 필요 없다는 것인가?]

비갸나 바이라바에서 **락쉬만** 주는 말한다.
"세상에서, 지식은 사물을 <드러내고>, 그리고 **나**는 모든 <드러내는 일>의 근원이다. **나**와 지식 사이에는 아무 차이도 없기 때문에, <아는 자>는 지식(知識)에서 드러난다."

<제한된 지식>조차도 사물을 드러내는 빛이다. 그런데 왜 그 지식을 속박의 근원이라고 하는가?

사람이, 은총(恩寵)을 통해, **어떤 것의 중요성을 정말로 깨달았을 때, 그것은 진리다.** 그러나 그런 깨달음이 없다면, 그때는 다르다. [그것이 "진리는 경험되었을 때만 진리다."라고 하는 이유다.]

칼라 같은 덮개를 알지 못함이 마야다.

2절은 <제한된 지식>이 속박의 원인이라고 한다.
3절은 2절에 담긴 뜻을 설명한다. 제한된 지식은 **마야** 때문이다.

마야라는 말은 세 가지 의미로 쓰인다.
<마야 샥티>, <마야 탓트와>, <마야 그란티>다.

<마야 샥티>는 **쉬바**의 <절대 자유>의 측면이다. 그것은 다양한 방식으로 나타나는 **쉬바**의 힘이다.

<마야 탓트와>는 제한된 대상적인 경험을 불러 일으키는 원리다. 그것은 **프라크리티**의 물질적인 원인이다. 지각(知覺)이 없는 원인이다.

<마야 그란티>는 지각이 없는 것과 있는 것을 하나로 묶는 매듭이다. 이것 때문에 우리는 <정신-신체 유기체>를 나 자신이라고 여긴다.

"칼라, 비디아, 라가, 카알라, 니야티"라는 그 유명한 **마야**의 <다섯 가지 덮개>를 알지 못하고, <미묘한 몸[즉, 마음]>, <물질의 몸>을 나 자신으로 알고 그렇게 여기는 것, 이것이 이 경문에서 **마야**라는 말의 의미다.

<**마야** 그란티>로 인한 지식은 속박의 원인이다. 그리고 <**마야** 그란티>는, **참나**가 아닌, **칼라** 등을 나 자신으로 여긴다.

칼라 같은 덮개를 알지 못함이 마야다.

인간의 속박은 주로 **마야** 때문이다. <진짜 나>와 <가짜의 나>를 식별(識別)하지 못하는 것 말이다.

<가짜의 나>는 "**칼라와 비디아, 라가, 카알라, 니야티**"의 다섯 가지 덮개와 그리고 <미묘한 몸>과 <거친 몸> 등으로 이루어져 있다.

그러니 **마야**의 그 속박을 벗어나려면……

< 4 >
몸을 나누어 보라.

sharire samharah kalanam
샤리레 삼하라 칼라남

샤리레 : 몸에서   샤리라 : 몸
삼하라 : 용해(溶解)
칼라남 : 여러 부분(部分)으로

"**바와나** 즉 <[수련을 위한] **창조적인 상상**>으로,
몸에서 **탓트와**의 여러 부분을 용해해 보라."

샤리라 즉 몸에는 <물질의 몸>, <미묘한 몸>,
<원인의 몸>이 있다.
<**물질의 몸**>은 지수화풍과 **아카샤**의 다섯 가지
<거친 요소>로 구성된 거친 몸을 말한다.
<**미묘한 몸**>은 다섯 가지 **탄마트라**와 또 **붓디**,
아함카라, 마나스로 구성된 것이다.[우리말로 그냥
<마음>이라고 하자.]
<**원인의 몸**>은 프라나와 <사마나까지의 미묘한
마나스>로 구성된다.[<영혼(靈魂)>이라고 하자.]
[쉬바의 운마나 샥티가 순야 즉 공(空)으로부터
프리트비 즉 지(地)까지 우주에서 자신을 드러낼

때, 그것을 여기서 **사마나**라고 한다. **프라나·바유**의 하나인 **사마나**가 아니다.]

몸을 나누어 보라.

이들 몸의 하나하나를 <프리트비에서 **쉬바**까지> 그 선행하는 원인으로 용해해 가라는 것이다.

[우리는 36 봉우리의 저 **히말라야** 등정으로 이미 이것을 알아본 바 있다. 그런 등정이 아니라면……]

비갸나 바이라바는 말한다.

"<우주의 [전개와 소멸] 과정>을 **묵상**(黙想)하라. 거친 것에서 미세한 것으로, 더 미세한 것으로…… 마음이 완전히 [순수] **의식**으로 용해될 때까지."

그러면 **모든 것은 이 "있는 것"에 집약된다.**

수행자는 36 가지 **탓트와**를 그 근원을 따라서 단계적으로 **쉬바** 즉 **의식**(意識)까지 용해되는 것을 **명상**(冥想)[댜나]해야 한다.

아니면, 다른 방편도 있다.

< 5 >
**나디의 용해, 요소의 조절, 요소에서 철수(撤收),
요소로부터 분리(分離)**

nadi-samhara bhuta-jaya bhuta-kaivalya
bhuta-prithaktvani
나디-삼하라 부타-자야 부타-카이발야
부타-프리탁트바니

나디 : 나디, 기맥(氣脈)　　삼하라 : 용해(溶解)
부타 : 요소(要素), 존재물(存在物)
자야 : 정복, 조절(調節)　　카이발야 : 철수(撤收)
프리탁트바 : 분리(分離)

　"<수슘나 나디로 흐르는 프라나의 용해>, <요소
(要素)들을 조절>, <요소들에서 마음을 철수하는
일>, <요소들로부터 나를 분리하는 일>은 창조적인
상상력으로 수행해야 한다."

　4절에서 아나보파야의 댜나[명상]를 설명한 후,
이제 프라나야마, 다라나, 프라탸하라, 사마디를
설명한다. 이것은 댜나[명상]의 획득과 유지를 위한
방법이 된다.
　[카시미르 쉐이비즘에서는 저 파탄잘리 요가의

246

댜나, 프라나야먀, 다라나, 프라탸하라, 사마디가
아나보파야로 취급된다. 경문은 그것으로 어떻게
싯디 즉 <굉장한 힘>을 얻는가를 말한다.]

**나디의 용해, 요소의 조절, 요소에서 철수(撤收),
요소로부터 분리(分離)**

이것은 1장 20절에서 **"요소를 묶고, 가르고"**로
약간 다룬 것이다. 그러나 거기에서는 <노력 없이
일어나는 것>이고, 여기서는 <노력으로 성취해야
할 일>이다. 그것이 차이점이다.

<나디-삼하라>는 프라나와 아파나가 수슘나로
용해되는 것을 말하고, 프라나야마로써 일어난다.
프라나야마는 <호흡 조절>을 말한다.
푸라카는 <숨을 들이마시는 것>을,
레차카는 <숨을 내쉬는 것>을,
쿰바카는 <숨을 유지하는 것>을 말한다.

<부타-자야> 즉 **요소의 조절**은 다라나 즉 집중
(集中)으로 일어난다. [폴 렙스의 이 "Centering"을
오쇼 라즈니쉬는 아주 강조했다.]
다라나는 파탄잘리가 말하듯이, <마음을 특정한
곳에 고정(固定)하는 것>을 말한다.

<부타-카이발야> 즉 **요소에서 철수**(撤收)라고 한 것은 <마음을 그 대상에서 철수하는 것>, <감각을 그 대상에서 거두어들이는 것>으로, **프라탸하라**로 일어난다.

 프라탸하라는 **프라티**와 **아하라**이다. **프라티**는 <반대 방향으로>를, **아하라**는 <가져가는 것>을 말한다. 그래서 **프라탸하라**는 마음이나 감각을 반대 방향으로 가져가는 것을 말한다.

 크세마라자는 **프라탸하라**는 우리의 마음을 **우주의식**으로 되돌리는 것이라고 했다. 우리의 마음은 그것에서 너무나 멀리 떠나왔기 때문이다.

 [영화 <반지의 제왕>에서 엔냐가 애잔하게 불러 더욱 인상 깊었던 노랫말이 떠오른다.

"Oh, How far you are from Home……"

 아, 우리 모두는
 <그곳>에서 얼마나
 멀리 떠나와 있는가!

 여기 한 중년의 남자가 있어서, 고요히 눈물을 흘린다. 그 눈물이 뜨겁다.]

프라탸하라로, 우리는 몸에서 마음을 철수할 수 있다. 진전된 수행자들이 <마취 없이> 몸의 어떤 부분을 수술하는 경우는 많다. 그들은 그 특정한 부위에서 의식을 거두어들여 어떤 통증도 느끼지 않는다.

[그런 비슷한 것은, 사실, 우리도 <무의식중에> 많이 경험한 것이다.]

<부타-프리탁트바> 즉 **요소로부터 분리**(分離)는 <요소들로부터, 몸으로부터 **나**를 완전히 분리하는 것>을 말한다. 그것은 **사마디**로 일어난다. 영어의 "ecstasy" 즉 <몸 밖에 서 있는 일>이다. 그것이 황홀경(恍惚境)이다.

나디의 용해, 요소의 조절, 요소에서 철수(撤收),
요소로부터 분리(分離)

이처럼 우리는 **프라나야마, 프라탸하라, 다라나, 댜나, 사마디**로 여러 가지 <굉장한 힘>을 얻을 수 있다. 그러나 그런 힘은……

< 6 >
<무명(無明)의 너울>로 싯디가

moha-varanat siddhih
모하-바라낫 싯디

모하 : 마야, 무명(無明)
바라낫 : 너울, 베일, 덮개
싯디 : 싯디, 굉장한 힘, 초능력(超能力)

"그런 굉장한 능력은 <무지의 덮개> 때문이다."

5절은 저 **파탄잘리 요가**의 **프라나야먀, 다라나,
프라탸하라, 사마디** 모두가 **아나보파야**라고 한다.
그것들은 **아누** 혹은 개아가 할 수 있는 방법으로,
그것을 통해 우리는 굉장한 능력을 얻을 수 있다.
그러나 6절은 그런 <저급(低級)한 능력>을 얻는
것이 우리의 목표가 아니라고 한다.
우리의 목표는……

문득 도덕경의 말이 생각난다.

大道廢(대도폐) 대저 <도(道)>가 폐(廢)하므로
有仁義(유인의) <인(仁)> <의(義)> 하는 것이

이제 우리는 더 나아가, 요가의 **아사나, 프라나야먀, 프라탸하라, 다라나, 댜나, 사마디**에 <어떤 다른 의미>를 부여해야 한다.

그러면 그것은 **아나보파야**가 아닌 **샥토파야**가 된다. 이 경문은 **아나보파야**는 **샥토파야**가 되어야 한다고 우리를 재촉한다.

<무명(無明)의 너울>로 싯디가

싯디 즉 그 <굉장한 능력>은 무명(無明)이라는 베일이 드리워졌기 때문이다. 그리고 그런 일로는 <궁극의 실재(實在)>를 깨달을 수 없다.

<무명의 너울>을 벗는다면······

< 7 >

마야를 꿰뚫으면 사하자 비디아가

moha-jayad anantabhogat sahaja-vidya-jayah
모하-자얏 아난타보갓 사하자-비디아-자야

모하-자얏 : 마야의 정복(征服)
아난타보갓 : 범위가 끝없는
사하자-비디아 : <자연적인 지식>, **무심**(無心)
자야 : 정복, 지배(支配)

　"<속이는 **마야**>를 모든 곳에서 정복하는 것으로,
[**실재**(實在)의] <자연적이고 고유(固有)한 지식>의
지배가 있다."

　경문은 **모하** 즉 <속이는 **마야**>는 그것의 남은
흔적이, **삼스카라** 즉 인상(印象)이 완전히 없어질
때까지 정복되어야 한다고 말한다.
　사람이 **사하자 비디아**를 얻는 것은 오직 그때뿐
이다. **사하자 비디아**는 <**실재**에 있는 지식>으로,
다른 이름은 **운마나** 즉 **무심**(無心)이다.

　아누 즉 개아와 **쉬바** 즉 <순수 의식> 사이에는
여러 단계가 있다. **사마나**까지는 **마나스** 즉 마음의

통치가 있다. **사마나**는 <마음의 최고 표현>이다. 그러므로 **사마나**까지의 <속이는 **마야**>를 완전히 정복해야 우리는 **아트마-비얍티** 즉 <순수한 의식의 단계>를 얻을 수 있다. 이것이 **상키야**와 **베단타**의 목표다.

그러나 **우리의 목표는** 이 **아트마-비얍티**가 아닌, **쉬바-비얍티** 혹은 **쉬바 요자나**다. 이것은 수행자가 **사마나**의 경계를 넘었을 때만 가능한 것이다.

우리는 **사하자 비디아** 즉 **운마나**까지 올라가야 한다. 거기서는 <정신의 의식>은 그치고 <신성의 의식>이 시작된다. 우리가 **칫-아난다** 즉 <의식의 지복>을 경험할 수 있는 것은 이 단계에서다.

마야를 꿰뚫으면 사하자 비디아가

<그런 상태>는 **아나보파야**로는 가능하지 않다. 그러나 **아나보파야**는 **샥토파야**로 가는 디딤돌이다.

그런 **사하자 비디아**를 얻은 사람에게는……

< 8 >

아주 깨면 세상은 빛이다.

jagrat dvitiya-karah
자그랏 드비티야-카라

자그랏 : 경계(警戒)하다, <깨어 있는 사람>
드비티야 : <두 번째의 것>, 세상(世上)
카라 : 빛, 광채(光彩)

"항상 깨어 있는 사람에게는, **운마나** 즉 **무심**의 사람에게는, 세상은 그의 빛으로 보인다."

운마나 즉 **무심**(無心)과 <하나>가 된 사람에게, 세상(世上)은 단지 <그의 광채(光彩)>일 뿐이다.
이원론(二元論)은 완전히 사라진다. "세상도 없고 나도 없고, 사랑의 주(主)만 보이도다."가 된다.

비갸나 바이라바는 말한다.

감각으로 생생하게 알아챌 때, 알라.

"의식이 <눈>을 통해 이르는 곳마다, 그 의식을 <눈>을 통해 나타난 <**우주 의식**>으로 묵상하라.

마음이 용해되고, **바이라바**로 충만하리라."

아주 깨면 세상은 빛이다.

˙ 그때 세상은 <죄악(罪惡)된 세상>이 아니다. 사람
들은 <어둠의 자식들>이 아니다.

세상은 단지 <나 자신의 투사(投射)>일 뿐이다.
세상은 <나의 광채>가 된다.

성경의 전도자(傳道者)는 말한다.

빛은 실(實)로
아름다운 것이라
눈으로 <해>를 보는 일은
즐거운 일이로다.

그리고 필자(筆者)도 말한다.

어둠은 실로
부드러운 것이라
마음으로 <그것>을 마주하는 일은
신(神)나는 일이로다.

< 9 >
배우(俳優)는 나

nartaka atma
나르타카 아트마

나르타카 : 무희(舞姬), 배우
아트마 : **참나**, 영혼, **쉬바**

　"배우(俳優)는 그 배역(配役)을 나타내고 있지만,
<그의 진정한 본성>은 내면에 감추어져 있다.
　그러므로 <**우주 의식**>은 무희나 배우와 같다."

　사하자 비디아 즉 **무심**(無心)의 사람은 절이나
수도원으로 들어가지 않는다. 그는 이 우주 드라마
에서 그의 배역(配役)을 받아들이고, 삶의 의무를 -
이번 생(生)의 임무를 - 수행한다.
　마치 연극에서, 배우가 특정한 배역으로 특정한
성격을 연기하지만, 실제로는 그 배역과 그 성격에
영향을 받지 않고 혼동되지 않듯이……
　세계라는 무대(舞臺) 위의 **나**도 이 삶에서 참여한
사건들에 영향을 받지 않는다. 내면에서, 그는 항상
그런 것에서 떨어져 있다.

< 10 >

무대(舞臺)는 <내면의 영혼>

rango'ntar-atma
랑고 안타르-아트마

랑가 : 무대(舞臺)   안타르-아트마 : 내면의 영혼

"<내면의 영혼> 즉 <원인의 몸>은 세계 드라마의 무대가 된다."

스왓찬다 탄트라는 말한다.
"<선악(善惡)의 흔적[카르마]>을 지니고 <미묘한 몸> 즉 마음으로 들어가, 존재계의 모든 형태로서 움직이는 것을 <내면의 영혼>이라고 한다."

이 무대는 <우주 의식>이라는 한 사람의 배우가 여러 가지 배역을 받아들이는 곳이다.
이 배우는 <내면의 영혼>이라는 무대 위에 발을 붙이고, 그의 우주 드라마를 공연(公演)하고 있다.
<내면의 감각>을 능동적으로 움직이면서 말이다.

< 11 >
감각(感覺)은 구경꾼

prekshakan-indriyani
프렉샤칸-인드리야니

프렉샤칸 : 구경꾼, 관객(觀客)
인드리야 : 감각(感覺)

"감각은 그의 연기(演技)를 보는 관객이다."

이런 식으로 <내면의 영혼>이라는 무대 위에서
연기하는 **이것**[**이 무엇**]에게 감각은 단지……

카타 우파니샤드는 말한다.

"불멸(不滅)을 맛보고자 <역방향으로 향하는> 즉
<내면으로 향하는> 눈을 가진 사람은, 내재(內在)한
참나를 본다."

우리의 감각은 늘 외향적이어서, 우리를 세속의
즐거움으로 끌어내린다. 그러나 **운마나**의 사람은
그 감각을 그런 즐거움에 내맡기지 않는다.

그의 감각은 내향적이 되어 <우주적인 배우>의 영광과 아름다움과 빛을 본다. 그의 감각은 오직 <가장 내밀(內密)한 그 배우>만을 드러낸다.

감각(感覺)은 구경꾼

그의 감각은 내향적(內向的)이 되어, 가장 내밀한 **참나**의 드라마를 본다.

[이야기가 빗나가지만…… 잘 아는 대로, <사이코드라마>는 정신 치유에 유용(有用)한 것으로 알려져 있다. 그리고 "IT"등의 저 <[미묘한] 물질문명>이 발달할수록 우리의 정신은 더 위기(危機)다.
우리는 <혼자서도> 그것[사이코드라마]을 충분히 해볼 수 있다. 우리 마음은 이미 충분히 군중(群衆)이기 때문이다. 잘 관찰해 보라.]

그런 사람은……

☯   ☯   ☯

※ 참고로,
인도의 <육파(六派) [영성] 철학>은 다음과 같다.

(1) **냐야** : <논리적 실재론>, 추론(推論)
(2) **바이셰시카** : <원자적 다원론>, 범주(範疇)

(3) **상키야** : <[완전한] 이원론(二元論)>, 수론(數論)
(4) **요가**[결합(結合)] : [<실천(實踐)>을 말한다.]

(5) **미망사**[성찰(省察)] : 의식(儀式), **베다**
(6) **베단타**[베다의 끝] : <불이론>, **우파니샤드**

여기서는
(3) <**상키야**>와 (4) <**파탄잘리의 요가**>,
[이 둘은 쌍둥이 학파라고 한다.]
그리고 (6) <**샹카라의 베단타**>를
다루었다.

물론,
불교(佛敎)와 **자이나교**도 인도의 영성이다.

제 8 장

샥티 - 에너지 혹은 힘(力)

< 1 > 씨앗에 주의하라
< 2 > 자세(姿勢)로
< 3 > 숨이 천천히 나갈 때

우리가
주위에서 흔히 접(接)하는
<기독교[개신교, 가톨릭, 정교회]>와
<이슬람교>의

<신(神)>은 창조주(創造主)로서 저 멀리에 있고,
인간인 <나>는 피조물(被造物)로 여기에 있다는

그런 생각이나 교리(敎理)는

아드바이타 즉 불이론(不二論)이 아닌,
상키야 철학의 이원론(二元論)이라고 한다.

< 12 >

통찰(洞察)로 맑음을 얻고

< 13 >

<절대 자유>에 이른다.

< 14 >

여기 같이 다른 곳에서도

< 15 >

씨앗에 주의하라.

< 16 >

자세(姿勢)로 쉬이 호수로 가라앉는다.

< 17 >

수단(手段)으로, 만들고 창조한다.

< 18 >
마음이 없으면 다른 생(生)도 없다.

< 19 >
생각을 지배하며 <짐승의 어미>인
그 신(神)들이

< 20 >
세 가지에 네 번째를 기름처럼

< 21 >
어떤 생각도 없이 뛰어들어야

< 22 >
숨이 천천히 나갈 때, 여여(如如)함을 알리라.

< 12 >

통찰(洞察)로 맑음을 얻고

dhi-vashat sattva-siddhih
디-바샷 삿트와-싯디

디-바샷 : 통찰, 직관(直觀), <영적인 지능>
삿트와 : <참나의 빛>   싯디 : 성취, 얻다

"높은 <영적(靈的)인 지능>을 통해, **참나**의 빛을 깨닫는다."

디(dhi)는 본성을 **알아채는 일**에 능숙한 지능을 말한다. 디를 통해 **삿트와**를 깨닫는다.
삿트와는 <참나의 빛>의 내적인 고동(鼓動)을 말하며, **프라크리티**의 성질[구나]과는 관련이 없다. 저 <**나-의식**>의 맥박(脈搏)을 말한다.

디는 단순한 지능을 의미하지 않고, **프라갸**, 즉 <진리를 품고 내적으로 깨어 있는 것>을 말한다. **프라갸**를 불교에서는 반야(般若) 즉 지혜(智慧)라고 부른다.
우리는 <영적인 직관(直觀)을 통해> **참나**의 빛을 깨닫는다.

통찰(洞察)로 맑음을 얻고

　배우가 <디 즉 재능을 통해> <샷트와 즉 정신적 상태>를 연기(演技)할 수 있듯이……

　무희가 <재능(才能)[talent, 달란트]을 통해> 그의 <내면의 정신적 상태>를 표현할 수 있듯이……

　우리는 <높은 영적인 지성(知性)을 통해> 우리의 <내면의 빛>을 나타낼 수 있다.

　그런 지성(知性)을 통해 <내면의 빛>을 드러내는 사람은……

< 13 >

<절대 자유>에 이른다.

siddhah svatantra-bhavah
싯다 스와탄트라-바와

싯다 : 성취(成就), 얻다
스와탄트라-바와 : <자유롭게 된 상태>, 자유

"전(全) 우주를 아는 것과 조절하는 데, <완전한 자유>를 얻는다."

스와탄트라는 스와탄트리야 즉 <절대 자유>를 말한다. 스와탄트라-바와는 <지식과 행위가 내재한 형태의 자유>를 말한다. 우주 전체를 그것의 통제 아래로 가져올 수 있다.

그런 사람은 <지식과 행동에서 완전한 자유>를 누린다. 그는 "**쉬바처럼 된다.**"

<절대 자유>에 이른다.

"……(으)로부터의 자유"는 당연한 것이고,
"……을(를) 향한 자유"까지도 말이다.

266

< 14 >
여기 같이 다른 곳에서도

yatha tatra tatha anyatra
야타 타트라 타타 안야트라

야타 : 처럼, 같이　　**타트라** : 거기, 즉 몸에서
타타 : 그렇게, 여여(如如)　　**안야트라** : 다른 곳

　"<자신의 몸> 즉 소우주(小宇宙)에서 자유로울 수 있는 것처럼, 그렇게 다른 곳에서도"

　그런 사람은 <자신의 몸>에서 자신을 드러낼 수 있는 것처럼, 다른 곳에서도 그 자유를 드러낼 수 있다.
　물론 몸[즉 옷, 에너지]에는 여러 가지가…… 3장 39절에서 그 병행(竝行)하는 경문이 보인다.

마음처럼 몸, 기관, 외부도

　그러나 그런 자유에도 불구하고……

< 15 >
씨앗에 주의하라.

bija-avadhanam
비자-아바다남

비자 : 씨앗, <우주의 근원>
아바다나 : 주의(注意)

"우리는 씨앗 즉 **<의식**(意識)**의 능동적인 빛>**에 주의를 주어야 한다."

비자는 <우주의 근원>, <의식의 능동적인 빛> 즉 **파라 샥티**를 말한다. **파라 샥티**는 곧 **파라 바크**다.

씨앗에 주의하라.

우리는 그 **씨앗**으로 <우리의 눈을 돌려야> 한다. 우리의 시선(視線)을, 우리의 주의(注意)를 끊임없이 신(神)에게로, 하나님에게로 향해야 한다.

그 **씨앗**이 <지금의 나>의 근원(根源)이니까.

< 16 >

자세(姿勢)로 쉬이 호수로 가라앉는다.

asana-sthah sukham hrade nimajjati
아사나-스타 수캄 흐라데 니맛자티

아사나-스타 : 파라 샥티에 고정   수캄 : 쉽게
흐라다 : 호수(湖水), <불멸(不滅)의 대양>
니맛자티 : 가라앉다

"<신성의 힘(力)>에 고정되어, 그는 쉽게 <불멸의
대양>으로 가라앉는다."

아사나는 요가의 자세(姿勢)나 <자리>를 말하며,
<신성(神性)과의 완전한 동일시로 앉아 있는 것>을
의미한다. 즉 <파라 샥티의 힘(力)>을 말한다.
아사나-스타는 <파라 샥티에 고정되어 있는 자>,
<항상 신(神)을 향해 있는 자>를 말한다.

15절 "씨앗에 주의하라."는 우리가 우리 존재의
원인과 근원인 신(神)을, 파라 샥티를 <끊임없이>
알아채라고 한다.

16절 "자세(姿勢)로 쉬이 호수로 가라앉는다."는

우리가 <파라 샥티를 **알아채는 일**>에 완전히 고정 (固定)되면, 그때 우리는 집중이나 명상의 형식적인 과정은 더 이상 필요하지 않다고 한다.

우리는 진정한 나라고 동일시된 **<몸, 마음 등에 관한 모든 개념(概念)>을 완전히 파기함으로써**, 저 <불멸의 지복> 속으로 쉽게 잠긴다.

<**나디의 용해**> 등 **아나보파야**의 방편으로 망상 (妄想)은 정복될 수 있다. 그리고 그런 것을 통해, <샥티의 능력>이 **숫다 비디아**의 형태로 나타난다.

그리고 이런 능력이 최고조(最高潮)에 이를 때, 우리는 불멸(不滅)이라는 가장 미묘한 대양 속으로 가라앉는다.

그런 사람은……

< 17 >

수단(手段)으로, 만들고 창조한다.

svamatra nirmanam apadayati
스와마트라 니르마남 아파다야티

스와마트라 : 의식의 수단, 의식의 산물(産物)
니르마남 : 생산, 창조, 제작, 형성
아파다야티 : 낳다, 생산하다

"완전히 고정된 그 의식 안에서, 그는 <창조하는 그 의식>의 수단으로 형태를 낳을 수 있다."

우리가 **숫다 비디아**의 힘을 얻었을 때, 우리는 <창조적인 의식(意識)>에 고정된다. 그 의식의 **수단**(手段)과 일치하여, 우리는 생명과 대상을 만들 수 있다.

대상(對象)은 주체(主體)와는 전혀 다른 것인데, 어떻게 대상을 창조할 수 있는가?
신성(神性)의 **우주 의식**은 주체와 대상 둘 다로 나타난다. **파라 샥티**의 능력을 획득할 때, 주체와 대상 둘 다로 나타나는 것은 아무 어려움이 없다. **의식**(意識)은 둘 다이기 때문이다.

수단(手段)으로, 만들고 창조한다.

수단(手段)과 창조(創造)하는 일은 1장 20절의 "요소를 묶고, 가르고 우주(宇宙)를 아우른다."의 설명을 참조하라.

그런 사람에게는……

< 18 >

마음이 없으면 다른 생(生)도 없다.

vidya-avinashe janma-vinashah
비디아-아비나셰 잔마-비나샤

비디아-아비나셰 : 그 비디아가 사라지지 않는 한
잔마-비나샤 : 다른 출생의 가능성은 사라진다

"**슛다 비디아[무심(無心)]**가 사라지지 않는 한, 그에게 다른 출생의 가능성은 완전히 사라진다."

다섯 가지 거친 요소로 구성되는 <물질의 몸>과 인지(認知), 감정(感情) 등으로 구성되는 <미묘한 몸>을 [마음대로] 창조하는 사람에게 출생과 죽음의 속박이 있다고 할 수 없다.
그는 <카르마의 법칙>을 따라 창조를 당(當)하지 않고, 순전히 **잇차 삭티**로 창조한다.
그는 창조자(創造者)다.

그러나 **무심**(無心)이 사라지면……

< 19 >
생각을 지배하며 <짐승의 어미>인
그 신(神)들이

ka-varga-dishu maheshvar-yadyah
pashu-matarah
카-바르가-디슈 마헤슈와르-야댜
파슈-마타라

카-바르가-디슈 : 문자 카 행(行)과 다른 행들
마헤슈와르-야댜 : 마헤슈와리와 다른 신(神)들
파슈-마타 : 짐승의 어머니

"산스크리트어 <카[ka]> 그룹과 다른 그룹에서
그 힘을 발휘하는 **마헤슈와리**와 다른 신(神)들이
<묶인 존재의 어미>로서 그들을 다스리는 신성이
된다."

18절 즉 "**마음이 없으면 다른 생(生)도 없다.**"는
사하자 비디아 즉 **무심(無心)**이 계속된다면, 그는
다시 태어나는 것에서 자유롭다고 한다.
19절 즉 "**생각을 지배하며 <짐승의 어미>인 그
신(神)들이**"는 우리가 **무심(無心)**을 얻은 후에는
경솔하지 말 것을 경고한다.

삶에서 남은 흔적(痕迹)들이 말끔히 씻기어지지 않으면, 습기(習氣)가 완전히 없어지지 않는다면, <추락(墜落)의 가능성>은 항상 있는 것이다.

<말>의 매력(魅力)과 매혹(魅惑)은 일상생활에서 항상 있다. 만약 우리가 **말의 영향 아래로 간다면, 우리는 영적으로 파멸하게 되어 있다.**

생각을 지배하며 <짐승의 어미>인 그 신(神)들이

카시미르의 영성(靈性)은 <말과 생각의 지배를 받는 우리의 마음>을 꿰뚫어보고 있다. "**말 속에** [아예] **신(神)들이 존재하고 있다.**"고 한다.

우리는 <말의 힘>을 잘 느끼지 못한다. 우리는 <생각의 힘>을 과소평가(過小評價)한다. 아니다!

<말>을 통해, 그 음모(陰謀)를 수행하는 세상에는 어떤 <어두운 힘>이 있다. <말>은 우리의 마음에 엄청난 영향을 준다. [정치적인 구호(口號)나 소위 상혼(商魂)들의 광고(廣告)를 보라. <나> 주위에서 들리는 그 모든 말을 잘 관찰해 보라.]

"<말의 영향>에서 벗어나라. <생각의 영향>에서 벗어나라."는 것이 영성(靈性) 수련의 첫걸음이다.

저 메타노이아와 不立文字(불립문자) 말이다.

그러므로 "하나님은 말씀이라."는 우리말 성경은 아주 위험한 번역이다. "Logos"는 말씀이 아니다. **로고스는 <말 없는 말>이다. 파라 바크다!**

<하나님>이라는 말이 가리키는 그 **실재(實在)**는, 얼핏 보아도, <**침묵(沈黙)**>이라는 말이 가리키는 **그 무엇**이다.

[아니면 "**참 말**"은 어떨는지……]

생각을 지배하며 <짐승의 어미>인
그 신(神)들이

하여튼 "하나님은 말씀이라."는 그 경전을 따라, 그 <말의 영향>에서, 그 <생각의 영향권>에서 벗어나지 못하고, <그 말>만을 고집하는 우리를 볼 때, 저 <추락 내지 타락(墮落)의 가능성>은 - 저 <낙원에서의 추방>은 - 항상 있는 것이므로……

< 20 >
세 가지에 네 번째를 기름처럼

trishu chaturtham tailavad-asechyam
트리슈 차투르탐 타일라밧-아세챰

트리슈 : 세 가지   **차투르탐** : 네 번째의 것
타일라밧 : 기름처럼   **아세챰** : 쏟아 붓다

"**네 번째**를 등불의 기름처럼 끊임없이 세 가지 상태에 쏟아 부어야 한다."

트리슈는 우리가 잘 아는 <깨어 있을 때>, <꿈꿀 때>, <잠잘 때>의 세 가지를 말하고,
차투르탐은 저 **슷다 비디아**의 **투리야**를,
타일라밧은 <기름처럼> 등잔불에 스며드는 것을 말한다.

이 경문은 <자연적인 상태>인 **네 번째**가 다른 세 가지 상태에서도 유지되어야 한다고 한다.
아나보파야로 얻은 **네 번째** 상태에서 늘 일어날 수 있는 상황은 그 **알아채는 일**이 <깨어 있고>, <꿈꾸고>, <잠잘 때>의 처음과 마지막 부분에서만 잠시 있다는 것이다. 그 중간에서는 상실된다.

23절에는 그 **"중간에는 못한 것이 나타난다."** 고 말하고 있다.

세 가지에 네 번째를 기름처럼

이 경문은 우리가 **네 번째** 상태를 놓치지 말고 세 가지의 모든 단계에 – 처음과 중간과 마지막 – 스며들게 해야 한다고 간곡히 타이른다.

[38절에 **"세 가지에, 주된 것이 생기(生氣)를"** 의 병행구가 보인다.]

<네 번째>로 세 가지에 젖어드는 일은……

< 21 >
어떤 생각도 없이 뛰어들어야

magnah svachittena pravishet
마그나 스와칫테나 프라비셋

마그나 : 뛰어들다
스와칫테나 : <본래(本來)의 마음>
프라비셋 : 들어가다

"<어떤 생각도 없이> 그 속으로 뛰어드는 것으로 그 안에 들어간다."

20절 "세 가지에 네 번째를 기름처럼"은 댜나, 다라나 등의 방법으로 얻은 투리야 즉 네 번째를 유지하는 아나보파야를 말하고 있다.

21절의 "어떤 생각도 없이 뛰어들어야"는 이제 샥토파야로 우리를 이끈다. 이 방법으로, 우리는 네 번째로 바로 뛰어든다.

<본래의 마음>은 <생각이 없는 상태>다. <마음을 고요하게 하는 것>으로, 혹은 <몸, 프라나 등에서 자신을 분리하는 것>으로, 혹은 <나-의식>을 알아 채는 일로 말이다.

어떤 생각도 없이 뛰어들어야

<나는 마음이다>는 그 생각을 거부하는 것으로, 우리는 어떤 생각의 얼개도 없이 **네 번째** 상태로 들어갈 수 있다.

이제는, 생각이 아닌, **<자동적이고 직접적인 어떤 느낌>으로** <초월 의식>이라는 저 신비의 공간으로 뛰어들어야 한다.

마치 어린아이가 <엄마의 품안>으로 뛰어들듯이 말이다.

비갸나 바이라바는 말한다.

"사랑하는 이여,
<마음> <지성(知性)> <에너지> <개아(個我)>라는 네 가지가 용해(溶解)될 때, <바이라바의 상태>가"

이 **모든 것을 포함(包含)하라.** 그리고 저 포괄자(包括者)처럼 삼켜 녹여 버려라. **어떤 생각도 없이** 말이다.

이렇게 <바이라바의 상태>로 의식이 퍼져나갈 때, 그때……

< 22 >

숨이 천천히 나갈 때, 여여(如如)함을 알리라.

prana samachare sama-darshanam
프라나 사마차레 사마-다르샤남

프라나 : 숨   사마차레 : 천천히 나가다
사마-다르샤남 : 모든 존재가 똑같음을 알아채다

"수행자의 **프라나**가 적절히 또 천천히 퍼져나갈 때, 그때 <모든 존재가 똑같은 것이라는 각성>을 갖는다."

21절 **"어떤 생각도 없이 뛰어들어야"**는 우리가 **아나보파야**로 수행에 충분한 진전(進展)을 했을 때, **샥토파야**로 이끌려 <초월 의식> 속으로 들어가는 것을 암시한다.

여기의 **"숨이 천천히 나갈 때, 여여(如如)함을 알리라."**는 우리가 **네 번째** 혹은 저 <초월 의식>에 충분히 잠겼을 때, **샴바바** 상태로 올라간다고 한다. <초월 의식>의 경험은 일상생활 중에도 유지되고, 우리는 **우주 의식**을 획득한다. 그러면 세계 전체는 <거룩한 빛>으로 보인다. <신성의 의식>의 지복의 상징으로 말이다.

숨이 천천히 나갈 때, 여여(如如)함을 알리라.

네 번째 즉 <초월 의식>과 하나가 된 수행자의
프라나가 외부로 향할 때, 즉 <**능동적으로 외부의
대상을 알아챌 때**[이것이 비갸나 바이라바의 방편
"**친절한 이여! 마음과 놀아라.**"에서 **친절**(親切)이
의미하는 바다.]>, 그는 모든 것을 <**칫-아난다**>로
경험한다.

세상이 곧 <**쉬바의 나-의식**의 기쁨>과 동일한
것임을 안다.

제 9 장

쉬바 – <우주 의식> 혹은 참나

< 1 > 몸에 남는 일은
< 2 > 기쁨과 고통은

나가르주나[용수(龍樹)]의
중관(中觀) 즉 <텅 빈 것[순야, 공(空)]>만 있고

아상가[무착(無着)]와 **바수반두**[세친(世親)]의
유식(唯識) 즉 <비갸나[**의식**(意識)]>가 없다면

즉
삿 내지 **프라카샤**만 있고
칫 내지 **비마르샤**가 없다면

그것은
또 다른 <샹카라의 베단타>일 뿐이다.
하여, 반야심경에는 <모지 **사바하**(菩提裟婆訶)>로
스바하 여신(女神)을 부르는 만트라가 있다.

< 23 >

중간에는 못한 것이 나타난다.

< 24 >

대상(對象)과 합일(合一)하면
사라진 것이 다시 나타난다.

< 25 >

쉬바처럼 된다.

< 26 >

몸에 남는 일은 덕행(德行)

< 27 >

대화는 암송(暗誦)

< 28 >

<참나의 지식>은 선물

< 29 >

목자(牧者)는 진실로 지혜를 나눈다.

< 30 >

그의 힘의 현현(顯現)이 우주다.

< 31 >

유지(維持)와 용해(溶解)도

< 32 >

그럼에도 끊임없이 <아는 자>다.

< 33 >

기쁨과 고통은 외부의 것

< 23 >

중간에는 못한 것이 나타난다.

madhye vara prasavah
마드예 와라 프라사와

마드예 : 중간[단계]　　와라 : 못한 것, 저급(低級)
프라사와 : 생성, 일어나다

"그 중간[처음과 마지막 사이]에는 마음의 저급한 상태가 일어난다."

이 경문은 3장 20절 "**세 가지에 네 번째를 기름 처럼**"과 관련이 있다.

<깨어 있을 때>, <꿈꿀 때>, <잠잘 때>의 처음과 마지막 부분에서만 <초월 의식>을 경험한 사람의 경우에는, 그 중간에는 일상생활의 특징인 마음의 저급한 단계가 나타난다는 것이다.

2장 10절의 "**지혜가 사라지면 <꿈의 상태>가 보인다.**"는 경우처럼, 그는 그렇게까지는 미혹되지 않는다.

그러나 우리가 세 가지 상태의 <처음과 마지막 단계>에서 경험하는 **네 번째**의 기쁨에만 만족할

때, 그때는

중간에는 못한 것이 나타난다.

그러므로 그 중간 단계가 또한 <초월 의식>으로 스며들고 젖어들도록 유도(誘導)하고 또 지켜보아야 한다.

못한 것이, 즉 마음의 <저급한 상태>가 일어났을 때라도, **네 번째**라는 영약(靈藥)을 그 중간 단계에 투여(投與)한다면[**알아챈다면**]……

< 24 >

대상(對象)과 합일(合一)하면
사라진 것이 다시 나타난다.

matra-svapratyaya sandhane
nashtasya punarutthanam
마트라-스와프라탸야 산다네
나슈타샤 푸나룻타남

마트라 : 대상(對象)　　스와프라탸야 : **<나-의식>**
산다네 : 합일하다　　**나슈타샤** : 잃었던 것
푸나룻타남 : 다시 일어나다

　"**<나-의식>**이 대상과 <하나>가 될 때, 사라졌던
<초월 의식>이 다시 나타난다."

　[그런 경험과 체험이 있었던 경우] **거듭거듭 모든**
경우에서 "나는 우주다."라고 느끼며, 나의 내면을
바라보라. 그러면 마음의 저급한 상태가 나타나는
것으로 사라졌던 **<의식(意識)의 네 번째 상태>**가
다시 나타난다.

　[아니면 **비갸나 바이라바**가 말하듯, 구름이 아닌
"**구름 너머를 보라.**"는 기법도 좋다.

내 눈의 초점은, <**의식**이라는 저 내면의 하늘>에
맞추지 않으면, 늘 구름에 맞춰질 수밖에 없다.]

대상(對象)과 합일(合一)하면
사라진 것이 다시 나타난다.

우리가 진정한 <**나-의식**>을 모든 것과 연결할
때, 즉 모든 것이 **쉬바**의 현현(顯現)으로 보일 때,
[하늘 안에서 떠도는 **구름 또한 그 <하늘>의 부분
일 뿐일 때,**] 그때 말이다.

이런 <초월 의식>을 얻는 사람은······

< 25 >

쉬바처럼 된다.

shiva-tulyo jayate
쉬바-툴요 자야테

쉬바-툴요 : 쉬바처럼   자야테 : 되다

"그는 **쉬바처럼 된다.** <**의식** 그 자체>가 된다."

그런 사람은 <**네 번째**[**투리야**]를 초월한 상태>, 즉 <**투리야티타** 상태>를 얻는다. 그래서 **쉬바처럼 된다.**

그런 상태에서는 <깨어 있을 때>, <꿈꿀 때>, <잠잘 때>라는 구별은 없다.

그는 완전히 순수하고, <**절대 자유**>에 **이른다.** 그리고 <**칫-아난다**> 즉 <의식과 지복의 덩어리인 그 무엇>이다.

그 몸이 지속되는 동안, 그가 숨 쉬고 있는 한, 그는 **쉬바**와 같다.

그 몸이 죽었을 때, 그는 진정한 **쉬바**가 된다.

< 26 >
몸에 남는 일은 덕행(德行)

sharira-vrittir vratam
샤리라-브릿티르 브라탐

샤리라 : 몸   **브릿티르** : 남는 일, 유지하는 것
브라타 : 덕행(德行), <경건한 행위의 준수(遵守)>,
         서원(誓願)

"그가 몸 안에 거(居)하는 것은 <경건한 행위의 준수>다."

그가 **쉬바**와 같다고 하더라도, "이 <몸>이 있기 때문에, 특정한 삶과 특정한 경험을 위해 사용해야 한다."는 말처럼, 이제 **몸에 남는 일**은 <나 자신의 몫으로 떨어진 경험의 대상으로> 영위되는 것이다. 그러므로 <몸으로 살아가는 일>을 무시해서는 안 된다. 이것이 경문이 의미하는 것이다.

"**그**"가 **몸에 남는 일**은 경건한 행위를 준수하는 것이다. 다른 말로, <항존(恒存)하는 **지고**(至高)>를 경배(敬拜)하는 데 존재를 쏟는다. <자신의 진정한 본성>을 **알아채는** 형태의 예배(禮拜) 말이다.

몸에 남는 일은 덕행(德行)

"그"가 아직은 몸과 **프라나** 등에 존재할지라도 그의 **참나**는 <**쉬바**의 상태> 속에 융합되어 있다.

사실 그에게는 <몸을 유지(維持)하는 일> 외에는, 다른 어떤 경건 행위일지라도 적합하지 않다.

누군가는 "<깨달음> 이후의 **빨랫감**"이라는 말을 썼다.

여기서, 잠깐, 이정표의 용어(用語)를 다시 정리해서, 우리의 <현재 위치>를 살펴보자.

<영성의 길>을 가는 우리들을 위해, 곽암(郭庵) 선사는 십우도(十牛圖)라는 다른 이정표도 준다.

이것을 다시 <다섯 노정(路程)>으로 요약하면

구도(求道) → 득도(得道) → 수도(修道) → 낙도(樂道) → 전도(傳道)의 순서로 볼 수 있다.

(1) 구도(求道)

소를 찾아 나서는 십우(尋牛), 그리고 발자국을 보는 견적(見跡)의 단계다.

(2) 득도(得道)

그 소를 보는 견우(見牛), 얻는 득우(得牛).

우리가 흔히 말하는 "깨달음"의 그 경험은 여기 어디쯤이다.

(3) 수도(修道)

소를 기르는 목우(牧牛)와 그 소를 타고 집으로 돌아온다는 기우귀가(騎牛歸家).

<나의 그 체험>이 앞서 간 다른 이에게는 어떤 것이었는지를 찾고, <나>를 다듬는 <영성 수련의 단계>가 아마도 이쯤부터일 것이다.

(4) 낙도(樂道)

소는 잊고 사람만 남는다는 망우존인(忘牛存人), 소와 사람, 둘 다 잊는다는 인우구망(人牛俱忘).

(5) 전도(傳道)

본래 근원으로 돌아간다는 반본환원(返本還源), 본연(本然)의 삶을 살아간다는 입전수수(入廛垂手).

[잘 알다시피, 다섯이든 열이든, 선(線)을 확연히 긋는 것은 금물(禁物)이다. 주로 사이비(似而非)들이 그런 짓을……]

< 27 >
대화는 암송(暗誦)

katha japah
카타 자파

카타 : 대화(對話), 담소(談笑)
자파 : 기도(祈禱)의 암송, 만트라의 반복

"그의 대화는 [기도(祈禱)의] 암송(暗誦)이다."

"**그**"는 항상 지고의 <**나-의식**>으로 가득하다.

스왓찬다 탄트라가 말하듯이 "나는 지고(至高)의 **아트마**다. 나는 **쉬바**다. 최고의 원인(原因)이다."며 그는 일상적인 대화(對話) 중에도 <그런 기도>를 - <그런 느낌>을 - 중얼거리는 것이다.

[필자는, 기도(祈禱)를 <**느끼는 일**>이라고 하며, 또 <**무의식의 의식화(意識化)**>라고도 말한다.]

또 **비갸나 바이라바**는 말한다.

"'지고(至高)의 **의식**으로 존재한다.'는 것을 거듭 명상하라. 그것은 **자파**이다. (자발적으로 일어나는) 그 소리는 참으로 영혼의 **만트라**다."

대화는 암송(暗誦)

그의 <나-의식>은 그 <순수하고 영적인 **참나**>를 **알아채는 일**이기 때문에, 그의 **삶**과 **언사**(言辭)는 이제 시(詩)가 되고 신화(神話)가 된다.

[그러나 우리는 눈이 있어도 보지 못하고, 귀가 있어도 듣지 못한다.

하여, 눈을 감고 <**머리 숙이고**>, 조용히 두 손을 <**이 가슴에 모을**> 뿐이다.

"주여! 우리의 눈 뜨기를 원하나이다."

<눈 뜨는 것>을 운메샤라고 한다.

그것은 <영안(靈眼)이 열리는 것>으로, 즉 <**아갸 차크라의 활성**(活性)>이라고도 한다.

그것은 또한 **계시**(啓示)다. 빽빽한 구름 사이로 드러나는……]

< 28 >
<참나의 지식>은 선물

danam atma-jnanam
다남 아트마-갸남

다나 : 선물(膳物), 자비(慈悲), 사랑, 은혜
아트마-갸나 : <참나의 지식>, <자기 지식>

"<**참나**에 대한 그의 지식 즉 경험(經驗)>은 그가 흩뿌리는 선물이다."

아트마는, 여기서는, **우주 의식**이다.
갸나는 그것을 <깨달은 것>, 즉 <경험한 것>을 말한다.
다나는 <자비로 보시(布施)하는 것>, <사랑으로 헌신(獻身)하는 것> 등을 말한다.

26절, 27절, 28절에서, **덕행**(德行), **암송**(暗誦), **선물**(膳物)로 번역한 브라타, 자파, 다나는 세계의 모든 종교에서 **아나보파야**로 많이 하는 것이다.
크리야 요가 즉 <행위 수행>으로 많이 시작하는 방편이다.

\<참나의 지식\>은 선물

그러나 26, 27, 28절은 **아누** 혹은 개아가 **참나**를 깨달았을 때, 그때는 **브라타**, **자파**, **다나**는 이제 **샥토파야**로 바뀐다고 한다.

\<보통의, 일상적인 예배와 기도와 헌신은 이제 \<신비적 수행의 상태\>로 향상된다. [\<**의례(儀禮)의 내면화(內面)化**\>라고 한다.]

이제 \<상투적인 형식\>이 아닌, **갸나** 혹은 \<자기실현(自己實現)\>의 표현이 된다.

그리고 **알아채는 일**이 \<**자기 지식**\>이다. 그는 이제 그 \<**참나의 지식**\>을 우리에게 **선물**(膳物)로 준다. \<**알아채는 일**\>과 그 방편을 말이다.

< 29 >

목자(牧者)는 진실로 지혜를 나눈다.

yo'vi-pa-stho jna-hetush cha
요-아비-파-스토 갸-헤투슈 차

야 : 사람, 자(者), 누구
아비-파-스타 : 샥티-차크라에 고정된
갸-헤투슈 : 지혜의 수단, 지혜의 중개(仲介)
차 : 정말로, 진실로

　"<샥티-차크라에 고정된 자>, 즉 <샥티에 대한 지배권을 획득한 사람>은, 진실로, 지혜의 매개로서 봉사한다."

　아비파스타의 아비는 동물, 파는 보호자를 의미한다. 그러므로 아비파는 목자(牧者)를 의미한다. <제한된 개아(個我)들을 돌보는 이>다.
　3장 19절의 생각을 지배하며 <짐승의 어미>인 그 신(神)들의 지배를 받는 그 <제한된 개아들>을 말이다. 에고[ego]들을……
　스타는 그가 <거기에 앉아 있다는 것>, 즉 <그의 탁월, 걸출을 알아채고 있는 것>을 의미한다. 그는 그들 샥티의 주(主)로서 모든 영광으로 빛난다.

298

갸는 <갸나 샥티> 즉 <지혜의 힘>을 의미한다. 그러므로 갸-헤투는 지혜의 근원 혹은 매체(媒體)를 의미한다.

그는 <갸나 샥티> 즉 <지혜의 힘>으로 구도자를 무명(無明)의 잠에서 깨우기에 **홀로** 적합하다.

어떻게 저 <샥티-차크라의 영향 아래 있는 자>가 그런 것을 할 수 있겠는가?

그리고 어떻게 <깨어 있는 자>가 <잠든 사람>을 깨우는 것이 적합하지 않겠는가?

"맹인(盲人)이 맹인을 인도하면……" 그리고 참 **목자(牧者)는** 우리를 초대하고, 오는 사람들에게는 누구에게나 [지식이 아닌 **지혜를**] <값없이> **나누어 준다.**

목자(牧者)는 진실로 지혜를 나눈다.

그런 사람에게는……

< 30 >

그의 힘의 현현(顯現)**이 우주다.**

shva-shakti prachayo'sya vishvam
슈와-샥티 프라차요-샤 비슈밤

슈와-샥티 : 그의 힘(力)
프라차야 : 확장(擴張), 나타남
비슈밤 : 우주(宇宙)

"그의 힘의 나타남이 우주다. 즉 우주의 현현은
그의 힘이다."

그런 사람은 **쉬바처럼 된다.** 그의 의식은 이제
쉬바의 우주 의식이다.
세계가 **쉬바의 우주 의식**이 응결(凝結)된 것인
것처럼, 그런 사람의 의식은 **쉬바의 우주 의식**과
똑같은 것이어서, 세계는 그의 의식의 나타남이다.

그런 사람에게, 이 세상은 내 집이다. 이제 나는
내 집에서 편안하다. 내가 다시 어디로 가겠는가?

< 31 >

유지(維持)와 용해(溶解)도

sthiti-layau
스티티-라야우

스티티 : 유지(維持)
라야 : 용해(溶解), [잠재적 상태로] 복귀(復歸)

"[이 우주의 현현과] 유지와 그것의 재흡수 또한 그의 힘(力)이 나타남이다."

스티티 즉 유지는 **크리야-샥티** 즉 <창조적인 힘>의 결과로 나타난 우주의 유지를 말한다. 즉 <여러 경험자와 관련한 어떤 시간 동안 외부적으로 나타난 우주>의 유지 말이다. 굳이 다른 말로 하면, 대우주(大宇宙)라고 하자.

라야는 <순수 **의식**(意識)인 경험자> 안에서 쉬는 것을 의미한다.

스티티와 라야는 그런 사람의 <창조적인 힘>의 나타남이다. 나타났다가 마지막에 잠재적인 상태로 돌아가는 여러 대상들 또한 **의식**의 한 형태다.

그렇지 않으면, **세계(世界)에** 대한 우리 인간의 **이해(理解)는** 영구히 불가능할 것이다.

이 우주는 [기독교에서 말하듯이] <하나님>이라는 저 외부의 초월적인 어떤 것이 만든 것이 아니다. 만약 그런 식의 고집(固執)을 계속해서 부린다면, 어린아이라도 묻게 되어 있다.

"그러면 그 하나님은 누가 만들었나요?"

그의 힘의 현현(顯現)이 우주다.
유지(維持)와 용해(溶解)도

칼리카크라마에서는 스티티와 라야를 <존재계와 비존재계>로 관련지으며, 이렇게 말한다.

"<완전히 순수(純粹)하고,
 어떤 지지(支持)도 없는> **의식(意識)[마음]** ……
 그것을 자신의 <**나-의식**>으로 경험한 사람은
 살아 있는 동안 해탈(解脫)할 수 있고,
 어떤 의심(疑心)도 없다."

< 32 >

그럼에도 끊임없이 <아는 자>다.

tat pravrittau-api-anirasah samvettri-bhavat
탓 프라브릿타우-아피-아니라사 삼벳트리-바왓

탓 : 그것
프라브릿타우-아피 : 현현 등에도 불구하고
아니라사 : 끊임이 없는
삼벳트리-바왓 : <아는 자>의 상태 때문에

"[<창조-유지-소멸> 과정에서] 일어나는 유지와 용해에도 불구하고 그 각성에 단절이 없는 것은, <아는 자> 혹은 주체로서의 그의 존재 때문이다."

대우주든 소우주든, 우리의 마음이든, 모든 것의 나타남과 사라짐의 변화에도 불구하고 <경험하는 자> 즉 **알아채는 일**의 <영원한 주체>인 **나**에게는 아무런 변화가 없다. [그것을 **실재**(實在)라고 한다.]
잘 아는 대로, 모든 대상에 변화가 있을 때라도 경험의 주체 안에는 변화가 없다. 그 모든 변화의 경험조차도 경험자가 필요하기 때문이다.

그럼에도 끊임없이 <아는 자>다.

< 33 >
기쁨과 고통은 외부의 것

sukha-duhkha-yor bahir-mananam
수카-두카-요르 바히르-마나남

수카-두카-요르 : 기쁨과 고통은
바히르-마나남 : 외부의 것으로 여기다

"그런 사람은 즐거움과 괴로움을 외부적인 어떤 것으로 여긴다."

에고 즉 개아의 의식은 상대적(相對的)이다. 항상 주체와 대상의 관계가 있다. <주체와 대상>이라는 이원성(二元性) 말이다.

<초월 의식>은 그런 이원성에서 자유롭다. 그런 사람은 <상대적인 의식>의 정신적 상태에 영향을 받지 않는다.

그런 사람은 기쁨과 고통을 [그의 <나-의식>의 한 측면으로가 아닌] 항아리 등의 <외적인 어떤 것>으로 여긴다. 그런 것에 영향을 받지 않는다.

그런 사람은……

제 10 장

키마트라!

< 1 > 허전함에 밖을 찾고
< 2 > 그때, 몸은 옷이 되고
< 3 > 무슨 말이 필요한가!

[<힌두교>와 <기독교(基督教)>라는]
<긍정(肯定)의 용어>와

[<우파니샤드>와 <불교(佛教)>라는]
<부정(否定)의 용어>가

함께 어울려 춤추다가
함께 사라지는 일……

이제
공연(公演)은
끝났다.

< 34 >

그런 것에서 풀려 <홀로>지만

< 35 >

미혹(迷惑)에 빠진 자, 카르마를 짓고

< 36 >

분별이 사라지면 <다른 세계>를 만든다.

< 37 >

창조의 힘은 자신의 경험에서

< 38 >

세 가지에, 주된 것이 생기를

< 39 >

마음처럼 몸, 기관, 외부도

< 40 >

허전함에 밖을 찾고 묶인 존재가 되고

< 41 >

그것에 고정된 이, 그것이 끝나 지바도 끝난다.

< 42 >

그때, 몸은 옷이 되고
쉬바처럼 온전하다.

< 43 >

몸의 본성은 프라나와 묶여 있다.

< 44 >

"ㄹ"자(字) <내면의 중심(中心)>을 알아채면
무슨 말이 필요한가!
왼쪽, 오른쪽 그리고 수슘나

< 45 >

항상 안팎에 깨어 있어라.

< 34 >
그런 것에서 풀려 <홀로>지만

tad-vimuktas-tu kevali
탓-비묵타스-투 케발리

탓-비묵타스 : 그런 것에서 자유로운
투 : 그때, 오히려   케발리 : **홀로**

"그는 [기쁨과 고통의 영향에서] 완전히 자유롭게
되어, 그는 온전히 <혼자>다. - 순수한 **의식**으로서,
그의 **참나**에 완전히 고정되어 있다."

탓은 <그런 것>, 즉 기쁨과 고통에서부터를 의미
한다.
비-묵타는 <특별히 자유로운> 즉 <기쁨과 고통의
남은 흔적에조차 닿지 않는>을 의미한다.

케발리는 <아는 자>로서의 그 질(質)이 <순전한
의식>인 자를 말한다. 그러므로 그는 <**홀로**>이다.
[영어의 "Alone" 말이다.]
투는 <그때, 오히려, 그러나>의 뜻으로, 이어지는
다음 경문과의 관계를 보여준다.

"[우리 대부분이 그렇듯, 무의식적으로라도] **나는** [늙어] **죽는다.**"거나 "나는 마음이다."라는 <**몸과 마음에 동일시된 그 상태**>를 초월한 사람은 기쁨과 고통에 영향을 받지 않는다.

"**그**"가 왜 그런 것에 영향을 받겠는가?

그런 사람은 **케발리**로 알려져 있다. **케발리**는 <순수 **의식**>으로, **홀로**이고, 단지 <아는 자>다.

"**그**"는 임제(臨濟) 선사가 말하는 저 <무의도인(無依道人)>이고,
예수가 말하는 "아버지와 나는 하나이니라."의 그 <하나>다.

그러나[투]……

< 35 >

미혹(迷惑)에 빠진 자, 카르마를 짓고

moha-pratisamhatas-tu karmatma
모하-프라티삼하타스-투 카르마트마

모하 : 미혹(迷惑), 환영(幻影)
프라티삼하타스 : 밀접히 물들다　투 : 그러나
카르마트마 : 카르마를 짓다, 선악에 포함되다

　"미망(迷妄)에 밀접(密接)하여 한 덩이가 된 자는 선악의 행위에 포함된다."

　모하는 도구적 의미로 **모헤나**, 즉 <미혹으로>의 뜻이다.
　프라티삼하타는 <[그런 것과] 밀접한 덩어리가 되었다>는 의미다. 즉 <기쁨과 고통의 거처(居處)가 되었다>는 뜻이다.
　그러므로 그는 **카르마**에 떨어진 자다. 즉 지금도 선악과(善惡果), <선과 악을 알게 하는, 저 지식의 나무의 열매>를 따먹고 있는 자다.

미혹(迷惑)에 빠진 자, 카르마를 짓고

뱀의 유혹(誘惑)이든, 이브의 유혹이든, **마야**의 미혹(迷惑)이든……

그는 <근원적인 무명(無明)>의 영향 아래 놓이고, **카르마**의 지배를 받고, **삼사라**에 붙들린다.

원죄(原罪)라는 저 <근원적인 무명>의 **카르마**에 떨어진 그런 자일지라도……

쉬바 즉 **우주 의식**의 <금(禁)할 수 없고 억누를 수 없는 **은총**(恩寵)으로>, 저 <성령의 임재(臨在)>라는 **스와탄트리야 샥티**와의 합일이 있을 때, 그때 그에게는……

< 36 >

분별이 사라지면 <다른 세계>를 만든다.

bheda-tiraskare sarga-antara karmatvam
베다-티라스카레 사르가-안타라 카르마트왐

베다 : 분별, 다양성   티라스카레 : 제거, 사라짐
사르가 : 본성(本性)의 왕국, 생명의 다양성
안타라 : 다른   카르마트왐 : 완성, 창조

"다양성이 사라지면, 그런 사람은 <본성의 다른 왕국>[과 생명의 다양함]을 만드는 능력이 있다."

베다는 사칼라, 프랄라야칼라 등에 맞는 경험의 다른 영역을 내포한다.
사칼라는 몸과 동일시되어 있고, 프랄라야칼라는 프라나에 동일시되어 있다.

참고로, <경험자>와 그의 <경험의 영역(領域)>은 다음과 같다.
(1) 경험자가 비갸나-칼라일 경우
　　탓트와는 마하마야 탓트와이고,
　　경험의 영역은 <순수한 의식>과
　　프랄라야-칼라와 사칼라의 경험을 포함한다.

(2) 경험자가 **프랄라야-칼라**일 경우는

　　[혹은 **프랄라야-케발리, 순야-프라마타**일 때]

　　탓트와는 **마야 탓트와**이고,

　　경험의 영역은 단순히 공(空)이다.

(3) 경험자가 **사칼라**일 경우,

　　[데바에서 식물(植物), 광물(鑛物)까지일 때]

　　탓트와는 **프리트비**까지의 남은 **탓트와**이고

　　경험의 영역은 세 가지 **말라**로 가득 차 있고,

　　인과(因果)로 묶여 있고,

　　모든 것을 서로 <다른 것>으로 경험한다.

분별이 사라지면 <다른 세계>를 만든다.

　일단 자신이 몸이 아니라는 것을 알면, 우리의 삶이 변한다. 인생이 변한다. 왜냐하면 우리의 삶 전체가, 생활 전체가 우리의 몸 주위에 있기 때문이다. [우리 대부분은 그저 <먹는 일>과 <행하고, 소유하는 일>에 질주(疾走)하고 있다.]

　내가 <몸-마음>이 아닐 때, 그때 나는 다른 삶을 만들어야 한다. 이제 나는 한 영혼으로 이 세상에 존재한다. 지금 우리의 이 세계는 사라지고, 영혼 주위에 있는 다른 세계가 일어난다. 소위 <영적인 세계>, <하나님의 나라> 말이다.

몸과 마음과 동일시되지 않고, 저만큼 떨어져서 관찰할 수 있다면, 처음으로 <나>는 몸이 아니라는 것을, 처음으로 <나>는 마음이 아니라는 것을 **알아채게** 될 것이다.

분별이 사라지면 <다른 세계>를 만든다.

몸, 프라나 등과의 동일시에 따른 모든 분별이 사라지고, <**나 자신이 의식인 것**>으로 깨달아질 때 - 그렇게 **느껴질 때** - 그런 사람은 <자신이 바라는 대로> 세계(世界)의 다른 형태를 창조할 수 있다.

< 37 >
창조의 힘은 자신의 경험에서

karana-shaktih svato'nubhavat
카라나-샥티 스왓-아누바왓

카라나-샥티 : <창조(創造)하는 힘(力)>
스왓 : 그 자신의   아누바왓 : 경험에서

"사람은 그 자신의 경험으로부터 창조의 능력을 깨달을 수 있다."

상상(想像)과 꿈에 관한 그 자신의 경험으로부터, 사람은 비상(非常)한 일을 창조하는 힘을 얼마든지 개발(開發)할 수 있다.

그런 취지(趣旨)로, **프라탸비갸**는 말한다.

"자신이 욕망(慾望)하는 것에 따른 <개념(概念)과 실행(實行)의 힘>으로부터, 모든 살아 있는 존재의 <아는 힘과 행하는 힘>은 견고하게 된다."

창조의 힘은 자신의 경험에서

그런 가능성이 될 때, 강한 의지로 창조 쪽으로 향하게 되면, 사람은 그 원하는 바대로, 모든 사람에게 공통된 어떤 것을 창조할 수 있다.

[카라나-샥티, 즉 **창조의 힘은**, 정말이지, **자신의** 아주 조그만 **경험에서**부터 시작된 경우를 우리는 인류 역사와 주위에서 흔히 볼 수 있다.]

"꿈은 이루어진다!"
우리에게 익숙한 말이고, 또 맞는 말이다.

그러나 우리 대부분은 꿈조차도 꾸지 않는지도 모른다. 우리의 <까맣게 잊어버린, 혹은 잃어버린 본성(本性) 내지 본향(本鄕)에 관한 꿈> 말이다.

< 38 >
세 가지에, 주된 것이 생기를

tripad-ady-anuprananam
트리팟-아디-아누프라나남

트리팟 : 세 가지 상태에
아디 : **주(主)된 것**, 걸출(傑出)한 것
아누프라나남 : 생기(生氣)를 불어넣다

"세 가지 상태에, <주된 것>이 생기(生氣)를 불어넣어야 한다."

아디 즉 <**주된 것**>은 **투리야** 즉 <초월 의식>을 말한다. **네 번째** 말이다.

37절 경문 즉 "**창조의 힘은 자신의 경험에서**"의 **카라나-샥티** 즉 <창조(創造)하는 힘>은 <두렵고도 매혹적인 신비(神秘)의 힘>이다.

그리고 <**주된 것**>은 창조하는 기쁨으로 가득 찬 **스와탄트리야 샥티**다.

그만큼 **투리야** 상태에서 **스와탄트리야 샥티** 즉 <절대 자유의 힘>은 핵심(核心)이다.

세 가지에, 주된 것이 생기를

수행자는 <초월 의식>의 창조적인 기쁨으로 자신에게 활기(活氣)를 불어넣어야 한다. <초월 의식>은 세 가지 상태의 근원이다.

우주의 현현(顯現)[창조]과 그 현현의 유지(維持), **흡수(吸收)[용해(溶解)]**의 세 가지는, 사실, 우리가 <대상(對象)을 향해 방향 틀기>, <그 대상에 대한 관심(關心)>, <그 대상을 **내면으로 동화(同和)하는 것**>을 말한다.

<마음의 **용해(溶解)**>와 <우주로의 **흡수(吸收)**>로, <**주된 것이 우리에게 생기(生氣)를** 불어넣는 일>을 비갸나 바이라바는 여러 가지로 말한다.

그 떨림 속으로 들어가라.

"성교(性交)에서 상대방 속으로의 **흡수(吸收)**가 그 흥분(興奮)으로 일어난다. 그 절정에서 일어나는 기쁨은 브라흐만의 기쁨 곧 **참나**의 기쁨이다."

상대방 없이 사랑하라.

"키스하고, 포옹하고, 껴안던 경험을 기억하고, 마음을 거기에 **흡수(吸收)**하는 것으로 저 <기쁨의 밀물>은 몰려온다."

기쁨이 일 때 그것이 되라.

"오랫동안 못 봤던 친구나 친척을 보고 기쁨이 일어나는 경우, 그 기쁨 자체를 알아채고, 그 안에 **흡수(吸收)**되어야 한다."

먹고 마셔라. 그리고 느껴라.

"먹고 마시는 즐거움으로 기쁨이 가득 찰 때, 그 <**만족(滿足)**한 상태>를……"

사슴의 눈을 가진 이여!
보고, 맛볼 때 그대가 있음을 알아채라.

"노래나 음악 등의 대상(對象)과 [비길 데 없는 기쁨으로] <하나>가 될 때, 사람은 실제로 마음이 **용해(溶解)**되어 그것과 <하나>가 된다."

< 39 >

마음처럼 몸, 기관, 외부도

chitta-sthiti-vat sharira karana bahyeshu
칫타-스티티-왓 샤리라 카라나 바혜슈

칫타-스티티 : 마음의 상태   왓 : 처럼
샤리라 : 몸   카라나 : 감각 기관
바혜슈 : 외부

"<마음>의 흡수나 용해만이 아니라, <몸>, <감각
기관>, <외부의 사물>에도 <초월 의식>의 기쁨으로
생기를 주어야 한다."

38절 "세 가지에, 주된 것이 생기를"의 경문은
니밀라나 사마디 혹은 니밀라나 크라마의 기법을
기술하였다.
<내향적인 묵상>으로, 칫타 즉 마음 혹은 정신의
상태는 흡수되고 용해되어 <초월 의식>의 기쁨으로
순화(純化)되어야 한다.

마음처럼 몸, 기관, 외부도

이 경문은 이제 운밀라나 사마디 혹은 운밀라나

크라마의 기법을 기술하고 있다.

<외향적인 명상>으로, <몸>, <감각 기관>, <세계 전체>가 이제 이 <초월 의식>의 기쁨으로 가득 찬 것을 명상한다.

우리가 **아난다**에 이를 때, **스와탄트리야 샥티**를 경험한다. 그리고 **아난다**는 본성이 창조적이다.

우리는 <자신이 원하는 대로> 사물을 "**창조하는** - 즉 <**새롭게 느끼고, 알아채는**> - **힘**"을 얻는다.

마음처럼 몸, 기관, 외부도

마음이 <초월 의식>으로 기쁨을 얻듯이, 외부의 대상들조차도 그 기쁨으로 활기가 넘쳐야 한다.

비갸나 바이라바는 말한다.

공간을 지복(至福)의 몸으로 채워라.

"<우주 전체>나 자신의 <몸>이 **참나**의 희열로 가득 찼다고 명상해야 한다. 그때 <지고의 희열>로 살아 있게 된다."

그러나 <**참나**의 상태>인 **투리야**를 느끼지 못할 때 - <몸과 마음이 곧 나라는 그 느낌> 때문에 - 우리는 **아나바 말라**에 종속된다.

아나바 말라는 불완전(不完全), 미완성(未完成)의 느낌이 특징이다.

이런 느낌 때문에 우리는……

< 40 >

허전함에 밖을 찾고 묶인 존재가 되고

abhilashat-bahirgatih samvahyasya
아빌라샷-바히르가티 삼와햐샤

아빌라샷 : <원(願)하는 느낌> 때문에
바히르가티 : 외향(外向)
삼와햐 : 한 형태에서 다른 형태로 옮기는 개아

"욕망(慾望) 때문에, [존재계의 한 형태에서 다른
형태로 옮겨가는] 개아(個我)의 외향이 있다."

삼와햐는 카르마를 짓는 <묶인 존재>를,
바히르가티는 외향 즉 <외부적인 대상에 흥미를
느끼고 그쪽으로 기우는 경향>을 말한다.

우리가 네 번째 혹은 <초월 의식>과 동일시되지
못하고, 아나바 말라 때문에 오히려 <미묘한 몸>
즉 마음이나 <거친 몸>과 동일시되어 있으면, 여러
가지 대상에 대한 욕망으로 자극을 받는다.
그러면 우리는 외향적(外向的)이 되어서, 이른바
윤회(輪廻)하는 삶을 살게 된다.

< 41 >

그것에 고정된 이, 그것이 끝나 지바도 끝난다.

tat-arudhapramites tat-ksayaj jiva-samksayah
탓-아루다프라미테스 탓-쨔얏 지바-삼쨔야

탓-아루다프라미테스 : 그것에 고정된 이
탓-쨔얏 : 그것의 끝　　**지바-삼쨔야** : 지바의 끝

　"그러나 그 주의(注意)가 **네 번째** 상태에 견고히 고정된 사람은 욕망이 끝나므로, 윤회하는 개아의 상태도 끝난다."

　탓은 주체 혹은 <아는 자>라는 **네 번째** 상태를,
　아루다프라미테는 마음이 그것에 전념하는 것을,

　탓-쨔얏은 욕망이 끝나는 것을,
　지바-샴쨔야는 이제 <미묘한 몸>과 동일시되지 않는 것을 말한다.

　주(主)의 은혜(恩惠)로 우리가 나 자신의 진정한 본성(本性)을 이해할 때, 그때는 욕망이 없으므로 세상으로 향하는 소위 외향성(外向性)은 끝이 나고, **참나** 안에 있는 기쁨을 누린다.

40절 **"허전함에 밖을 찾고 묶인 존재가 되고"**는 우리가 욕망에 집착하면 <미묘한 몸>에 포함되어 있는 욕망의 흔적으로 외향적이 되고, 그 <미묘한 몸>은 한 형태에서 다른 형태로 흘러간다고 한다.

그러므로 기쁨의 대상에 집착하는 것은 해탈을 구하는 길에서는 당연히 장애가 된다.

그것에 고정된 이, 그것이 끝나 지바도 끝난다.

그러나 여기 수행자는 한 생(生)에서 다른 생으로 가는 것이 운명 지어져 있지 않다.

우리가 <초월 의식>에 주의(注意)를 주고 거기에 고정된다면, 개아(個我)의 상태를 넘어 **니르바나**에 이를 수 있다.

니르바나[열반(涅槃)] 혹은 천국(天國)은 <의식이 분화되지 않는 상태>, 즉 <주객(主客)의 이원성이 영원히 그친 상태>를 말한다.

이제 **"그"**는 **칫-프라마타** 즉 <순수 **의식**>으로, 곧 <아는 자>다.

< 42 >
그때, 몸은 옷이 되고
쉬바처럼 온전하다.

bhuta-kanchuki tada vimukto bhuyah
patisamah parah
부타-칸추키 타다 비묵토 부야
파티사마 파라

부타-칸추카 : 요소를 덮개로   타다 : 그때
비묵토 : 해방된   부야 : 풍부하게, 걸출하게
파티-사마 : 왕(王)처럼, 쉬바처럼   파라 : 완전한

"그때, 욕망이 끝났을 때, 그는 거친 요소의 몸을 단지 덮개로 사용하고, <해방된 존재>는 쉬바처럼 완전하다."

타다는 욕망이 끝나는 때를,
부타-칸추카는 그의 몸을 구성하는 거친 요소는 단지 덮개와 같다는 것을 말한다. [잘 아는 대로, 마음도 <미묘한 몸>일 뿐이다.]
이제 "그"에게 몸은 마치 옷과 같아서 진정한 <나의 상태>와는 아무 관계도 없다. 어느 누구가 그의 옷과 동일시되겠는가?

소우주든 대우주든 그런 것들은 "**나**"의 몸이고 옷이다.

그것들은 다 옷과 같이 낡아지리니
의복(衣服)처럼 갈아입을 것이요
그것들은 의복처럼 변(變)할 것이나
주(主)는 여전하여 연대(年代)가 무궁하리로다.

욕망이 끝나는 것으로, <미묘한 몸>과 동일시된 개아(個我)의 생명은 끝이 난다. 그는 <거친 몸>을 껍데기로 보유한다. 그는 그런 것들과 조금이라도 동일시되지 않는다.

[다시 말하지만, 실제로, <나의 **몸과 마음**이라는 것>은 껍질, 겉가죽, 외피(外皮)일 뿐이다. 그것이 류영모가 **제나**가 아닌 <**얼나**의 생명>을 강조하는 이유다.]

그때, 몸은 옷이 되고
쉬바처럼 온전하다.

신성의 <**나-의식**>에 완전히 젖는 것으로 그는 이제 **쉬바처럼 온전하다.** 물론 **온전**(穩全)이라는 말은 **하늘**처럼, 공(空)한 것을 말한다. <**텅 빈 것**> 말이다.

< 43 >

몸의 본성은 프라나와 묶여 있다.

naisargikah prana-sambandhah
나이사르기카 프라나-삼반다

나이사르기카 : 자연스럽다
프라나-삼반다 : 프라나와 묶임

"프라나 즉 <우주적인 생명력>이 몸과 연결되어
있는 것은 자연스럽다."

나이사르기카는 니사르가 즉 자연, 본성으로부터
온 것을 의미한다. 다른 말로, **스와탄트리야 샥티**
즉 신성의 절대적인 자유로부터 온 것을 말한다.
그러니 <몸>과 <프라나>의 연결은 피할 수 없는
것이다.

"**그**"가 해방될 때, 왜 그 껍데기조차도 떨어져
나가지 않는 것인가? 과연 "**몸에 남는 일은 덕행**"
인가?
저 인도의 신비가(神秘家) **라마티르타**처럼 이제
<짐을 벗는 것>도 좋지 않은가?

<프라나로 변형되는 것>은 삼빗 즉 **의식**이다.

이런 의미에서 **프라나**는 호흡(呼吸)이나 단순한 <생명 에너지>를 의미하지 않는다.

그것은 **<주체>와 <대상>을 일으키는 <우주적인 생명력>**을 말한다. 그것은 <**의식**(意識)>과 인간의 <여러 가지 탈것> 즉 <물질의 몸>, <미묘한 몸>, <원인의 몸>을 연결하는 고리다.

이 고리는 자연스런 것이다. 사람이 깨닫고, 또 <초월 의식>을 알아채고 있을 때조차도 그런 몸을 유지하는 것은 이 고리다.

그러므로 위의 질문은 – 깨달음을 얻었을 때, 왜 껍질은 떨어져 나가지 않는가? – 의미가 없다.

몸은 이 **프라나**의 고리가 유지되는 한……

그리고 "**그**"는 자살(自殺)할 수 없다.

"**그**"는, 사실, 잠자지 않고 또 죽지도 않기 때문이다.

몸의 본성은 프라나와 묶여 있다.

프라나 즉 <**우주적인 생명력**>은 두 가지 형태로 개인(個人)을 떠맡는다.

프라나 즉 호기(呼氣)와 **아파나** 즉 흡기(吸氣)다. **프라나** 즉 <나가는 숨>은 **스리쉬티**를 나타낸다. 즉 <세계 과정>의 현현(顯現)이다. 그리고 **아파나**는 **삼하라**를 나타낸다. 그 현현의 철수(撤收)다.

이런 이중(二重)의 면을 – 세계의 현현과 철수를 – 갖는 것이 **프라나** 즉 <우주적인 **생명력**>이다.

다시 말하지만, **프라나**는 **스와탄트리야 샥티** 즉 <신성의 절대적인 자유 의지>로부터 생긴 것이다.

프라나의 자연스런 연합(聯合)이 지속되는 동안, "**그**"는 **네 번째** 즉 지고한 <**나-의식**>을 끊임없이 알아채고 있다. 그는 **중심**(中心)을······

< 44 >

"ㄹ"자(字) <내면의 중심(中心)>을 알아채면
무슨 말이 필요한가!
왼쪽, 오른쪽 그리고 수슘나

nasika-antar-madhya samyamat
kimatra
savya-pasavya saushumneshu
나시카-안타르-마드야 삼야맛
키마트라!
사뱌-파사뱌 사우슘네슈

나시카 : "ㄹ"자(字), 갈짓자[之], 프라나 샥티
안타르-마드야 : <내면의 중심(中心)>
삼야마 : 알아채다
키마트라! : 무슨 말이 필요한가!
사뱌-파사뱌 : 왼쪽과 오른쪽
사우슘네슈 : 수슘나

나디 즉 기맥(氣脈) 중에서 중요한 것은 왼쪽의
이다 나디와 오른쪽의 핑갈라 나디, 그리고 중앙의
수슘나 나디이다.
거기로 나시카 즉 프라나 샥티가 흐른다.

나시카는 지그재그로, 갈짓자[之]로, 나선형으로 흐르는 것을 의미하는 나사테의 파생어로, 프라나 샥티를 말한다.

안타르는 프라나 샥티의 내면적인 면, 즉 **의식**을 말하고,

마드야는 내면 의식의 중심, 즉 **비마르샤** 혹은 <**나-의식**>을 의미한다. 그것이 **실재(實在)**다.

삼야마는 그 <**나-의식**>을 알아채는 강도(强度)를 말한다.

"ㄹ"자(字) <내면의 중심(中心)>을 알아채면 무슨 말이 필요한가!
왼쪽, 오른쪽 그리고 수슘나

나시카 즉 프라나 샥티는 오른쪽으로, 왼쪽으로, 그리고 중앙의 수슘나 나디로 흐른다.

프라나 샥티의 내적인 면은 **삼빗** 즉 **의식**이다.

안타르-마드야 삼야맛 즉 그 "<**내면의 중심**>을 **알아채면……**"

어떻게 <그것>을 알아채고 <그런 상태>에 깨어 있을 것인가?

비갸나 바이라바는 말한다.

주위에서 일어나는 그 어떤 것도 <나를 지배하는 힘>이 되는 것을 우리는 겪고 있다. 우리는 그것에 끌려간다. 예를 들어, 길을 가는데 멋진 차가 지나가면 우리는 그쪽으로 끌려가고, 아름다운 여자가 지나가면 그쪽으로 끌려간다. **나의 마음은 사물과 다른 사람에게 달려 있다.**

힘(力)[샥티]은 꼭 기억해야 할 물건이다. 그리고 힘은 <깨어 있는 것>을 통해서, **<알아채는 일>**을 통해서 온다. **우리가 많이 깨어 있을수록 더 힘이 있고**, 적게 깨어 있을수록 힘은 더 없다. 깨어 있지 않을 때면, 꿈조차도 우리에게 영향을 주지만, 깨어 있는 동안은 영향을 줄 수 없다.

하지만 **이 현실은 우리에게 엄청난 영향을 준다.** 그러나 <깨어 있는 사람>은, <깨달은 사람>은 아주 깨어 있으므로, 소위 이 현실은 그에게 영향을 줄 수 없다. 내가 정말로 깨어 있다면, 여자가 지나갈 것이지만 영향을 받지 않는다.

처음으로 이런 일이 일어날 때, 즉 **<사물이 나의 주위를 움직이지만 영향을 받지 않을 때>**, 존재의 미묘한 기쁨을 느낄 것이다. 아무것도 나를 밖으로 끌어갈 수 없다. 나의 주관성은 - **내면의 중심**은 - 사물과는 멀리 떨어져서, 건드려지지 않고 있다.

그렇게 할 수 있는 기회는 아주 많다. 어떤 순간에도, 우리는 어떤 것이 나를 점유하고 있는 것을 알아챌 수 있다. 그러면 **숨을 깊이 내쉬라.** <만약 한순간이라도 내 마음을 지켜보는 상태에 이를 수 있다면>, 갑자기 우리는 <나는 홀로 있고, 그것이 나에게 어떤 인상도 주지 못한다>는 것을 느낄 수 있다. 적어도 그 순간만큼은 아무것도 내 안에서 욕망을 일으킬 수 없다.

내쉬는 숨만으로 그 틈을 만들어 낼 수 없다면, 숨을 내쉰 후 **들이마시는 것을 멈춰라.** 우리가 그 <지켜보는 느낌>을 가지는 것은 단 한 순간이지만 그것은 우리에게 그 맛을 준다.

갑자기 나 자신이 힘이 있다는 것을, 나 자신이 강한 것을 느낀다. 그리고 <내가 힘이 있다고 느낄수록>, <나를 지배하는 사물의 힘이 많이 떨어져 나갈수록>, 내가 더 결정화되는 것을 느낀다. 이제 나는 위탁할 중심을 가진다. 어느 순간에도 나만의 그 중심으로 피할 수 있고, 세상은 무력해진다.

모든 순간이 기회다. 어떤 것이 나에게 인상을 주고 있다. **깨어 있어라.** 그러면 <내면의 힘(力)>이 있어서, 사물이 나를 끌어가는 일은 없을 것이다. 끌려간다는 것은 약함 때문이다. 강해져라. 그러면 아무것도 나를 끌어갈 수 없다. 그때 그것은 우리에게 진정한 자유를 준다.

☯   ☯   ☯

"ㄹ"자(字) <내면의 중심(中心)>을 알아채면 무슨 말이 필요한가! 왼쪽, 오른쪽 그리고 수슘나

우리가 만약 그 <내면의 중심(中心)>, 순야 즉 공(空), <샷-칫>, **<나-의식(意識)>, 참나, 신(神), 하나님을 <지금 이 순간> 알아채고 있다면**······

키마트라!

더 이상 **무슨 말이 필요하겠는가!**

< 45 >

항상 안팎에 깨어 있어라.

bhuyah syat pratimilanam
부야 샷 프라티밀라남

부야 : 항상, 다시 또다시   샷 : 거기에 있어라
프라티밀라남 : 안팎으로 신성을 알아채는 일

"그러므로 <다시 또다시> 안팎으로 신성(神性)을 **알아채는 일**을 계속하라."

프라티밀라나는
니밀라나 즉 <신성을 안쪽으로 알아채는 것>과 운밀라나 즉 <신성을 바깥쪽으로 알아채는 일>의 두 가지를 말한다.

항상 안팎에 깨어 있어라.

이 경문은 이 책의 결론(結論)이자 **바수굽타**의 신신당부(申申當付)의 말이다.
신성(神性)을 **알아채는 일**을 자나 깨나 계속하라!

우리 모두가 태어난 이 세상(世上)……

<시간과 공간> 즉 우주(宇宙) 혹은 **하늘 안에서 일어나는 모든 것은 꿈일 수밖에 없다.**

그러나 갑자기 **"하늘이 갈라지는 일"**이, 아니면 시공간 너머로 일어나는 저 **<돈오(頓悟)의 사건>**이 일어날 수 있다.

그날과 그때는 그 누구도 모른다.

항상 안팎에 깨어 있어라.

    ☯   ☯   ☯

깨어 있지 못할 때, "나는 나이고, 너는 너이다." 그러나 깨어 있을 때, "네가 나이고, 내가 너이다."

성경은 인간이 선악과를 따먹고 동산의 동쪽으로 쫓겨났다고 말한다. 그러므로 우리의 본향은 서쪽이다. 그래서 나는 저 **서산(西山)**이 더욱 그립다.

이 **가을**에는 **바람**이 불려나……

나가며

나는 어디에 있는가?
\<거대한 산\> 어디쯤 머물고 있는가?

이 [독서] 여행을 하면서
혹
\<낯선 곳(?)\>을 느꼈는지……

이 수행 교과서만으로는
그 경험으로 가는 일이 쉽지 않다.
비갸나 바이라바를 추천한다.
거기에는 많은 기법(技法)이 있기 때문이다.

그리고
『**비갸나 바이라바**』와 『**쉬바 수트라**』같은 책은
그냥 \<**한번 읽는 것**\>으로 알 수 없다.

\<지성(知性)\>과 \<마음\>이라는 것이
어떻게 그것을 알 수 있겠는가?
잘 아는 대로,
이 책들이 말하는 \<그 무엇\>은
우리의 지성과 마음 너머에 있는 것이다.

나는 이 책을

"[이] <있는 것>……"

이라는 말로 시작했다.

이제
그 말을 다시
찬찬히 되새기며
이 책을 마무리한다.

"이 <있는 것>……"은
<늘> 있는 <그 무엇>이다.

<있는 것>은 <있는 것>이다.

즉
"나는 곧 나다."

"אהיה אשר אהיה"
[아 참, 히브리어는 <오른쪽에서 왼쪽으로> 읽는다.
그리고 <읽는 자>는 깨달을진저.]

수행경
쉬바 수트라

초판 1쇄 발행 2014년 8월 14일

지은이 ┃ 金恩在

펴낸이 ┃ 이의성
펴낸곳 ┃ 지혜의나무
등록번호 ┃ 제1-2492호
주소 ┃ 서울시 종로구 관훈동 198-16 남도빌딩 3층
전화 ┃ (02)730-2211   팩스 ┃ (02)730-2210

ISBN 979-11-85062-06-8 93150